»I am not animal«

Hammed Khamis

»I am not animal«

Die Schande von Calais

Herausgegeben von Asal Dardan,
Christiane Frohmann
und Michaela Maria Müller

FROHMANN

AN EINEM TISCH

Hammed Khamis, »I am not animal«. Die Schande von Calais
Erschienen bei Frohmann
Copyright © 2016 by Hammed Khamis und Frohmann Verlag,
ein Imprint von Christiane Frohmann, Walhallastr. 7, 13156 Berlin.
Alle Rechte vorbehalten.

Abbildungen: Fotografien und Screenshots, (c) Hammed Khamis
Lektorat: Asal Dardan, Christiane Frohmann
Korrektorat: Michaela Maria Müller
Gestaltung und Satz: Ursula Steinhoff

ISBN Printausgabe: 978-3-944195-78-0

Inhalt

Für Sebastian Kolasa

Vorwort

Flüchtling. Was'n Wort. Das klingt irgendwie verharmlosend. Deswegen finde ich es sehr unpassend. Warum nennt man Menschen, die vor irgendetwas fliehen mussten nicht Geflüchtete?

Man kann angeblich auch zwischen Flüchtlingen unterscheiden. Der eine spricht von Wirtschaftsflüchtlingen. Und ein anderer von Kriegsflüchtlingen. Geht auch beides? Wenn ja, dann kann man bestimmt am besten die Menschen aus der DDR als Beispiel nehmen.

Es gibt Länder, in denen man aus verschiedenen Gründen nicht mehr leben kann. Voraus geht immer eine Dürre, die alles austrocknet und den Menschen und selbst den Tieren ein ungenießbares Leben vorschreibt. Dadurch entsteht dann ein instabiles Land. Korruption und Unterdrückung. Menschen beginnen einander weh zu tun. Um zu überleben. Andere müssen dafür ihr Leben lassen. Eines dieser Länder ist der Sudan. Durch viele verschiedene Probleme gespalten und zerrüttet. Viele meiner neuen Freunde kommen aus dem Sudan. Und für Menschen wie sie schreibe ich dieses Buch. Ich schreibe dieses Buch, damit niemand mehr sagen kann, dass er nicht wusste, wie es den Menschen in den so genannten Flüchtlingslagern geht. Zumindest niemand, den ich kenne. Wer dumm ist, soll dumm bleiben. Das ist nicht mein Problem. Einen schönen Gruß nach Dresden.

Aber mein Land Deutschland ist nicht mehr das alte oder ganz alte Deutschland. Es gibt nun ein neues Deutschland. Unser Land wird multikulturell. Ist das schlimm? Mal ganz ehrlich. Wie würde es den ganzen Biodeutschen ergehen, wenn alle Bürger in Deutschland blaue Augen hätten und an jedem Tag Sauerkraut essen müssten. Da haben noch nicht einmal die Ostdeutschen drauf Lust. Das weiß ich aus der BILD-Zeitung. Da haben sie nämlich neulich den Chef von der PEGIDA-Bewegung abgedruckt, wie er heimlich mit seiner Frau an einem Dönerstand 'n Döner aß.

Meine Familie kam in den Siebzigern aus dem libanesischen Bürgerkrieg in die BRD. Wir sind noch nicht einmal Libanesen. Wir sind Mahalami. Das ist eine uralte arabische Kommune, die sich vor circa tausend Jahren bei Mardin in der Osttürkei ansiedelte. Jetzt leben wir aber schon seit fast vierzig Jahren in Deutschland. Was sind wir nun? Libanesen, Araber, Kurden? Ich sag es euch. Wir sind Deutsche mit arabischem Migrationshintergrund. Völkerwanderung wird es in der Weltgeschichte immer geben. Das muss doch nicht gleich mit etwas Negativem behaftet sein.

Mein Blog-Verleger heißt Nicolas Flessa. Er ist aber nicht nur mein Verleger, sondern auch mein Freund. Seit einem Jahr haben wir ein gemeinsames Projekt vor. Wir haben uns leider bis heute noch nicht festlegen können, was dies genau sein soll. Einmal komme ich nachts zurück vom Auffanglager, in dem ich manchmal ehrenamtlich übersetze. Um den Geflüchteten besser helfen zu können, lese ich mich dann ein wenig durch Google in die Materie rein. Ich stoße auf diese Plastikkirche im nordfranzösischen Calais. Das packt mich total. Ich muss an die großen Unterschiede unter den Menschen denken. Rechte haben afrikanische Geflüchtete einmal in meiner Gegenwart mit Affen verglichen. Das ist doch dumm. Tiere können sowas wie diese Kirche aus Holz und Plastik nicht bauen. Sowas wie diese Kirche entsteht nur in einem Miteinander von Menschen. Ich muss dahin.

Nachdem ich Nicolas von meinem Vorhaben berichtet habe, erzähle ich auch einigen meiner Freunde und Kollegen, dass ich nach Calais will, um eine Dokumentation dort zu machen. Die meisten meiner Freunde sagen mir, dass das Thema abgegrast wäre. Erstklassige Journalisten aus aller Welt seien schon vor Ort gewesen. Was könne ich denn schon noch dort erreichen? Das verletzt mich ein wenig, zu hören, dass meine Freunde an mir zweifeln. Aber es macht mich auch ehrgeiziger, jetzt will ich erst recht nach Calais fahren.

Wenn ihr sagt, dass ich ein zweitklassiger Journalist bin, weil ich keinen entsprechenden Studiengang absolviert habe, dann erlaube ich euch das. Ich erlaube es euch aber nur dieses eine Mal. Denn ich kenne jetzt dieses Lager von Innen. Und ich sage euch, ihr habt recht. Normale Journalisten können da wirklich nichts mehr abgreifen. Die Geflüchteten geben keine Interviews mehr. Sie wurden zu oft von »erstklassigen« Journalisten verarscht. Sie nehmen lieber einen Freund mit in ihr Zelt. Jemanden, der Arabisch spricht. Der Großteil der sechstausend Geflüchteten im autonomen Lager von Calais besteht aus Syrern, Sudanesen und Habasch. Und die sprechen Arabisch. Eine meiner größten Erkenntnisse, die ich in Calais gewonnen habe ist, dass ich der einzige arabischsprachige Journalist im Camp war.

Ich habe jetzt zweihundert Freunde mehr. Lest selbst, wie es dazu gekommen ist.

Tag 1 Der Grund meiner Reise

Eigentlich bin ich Buchautor und Streetworker. Aber manchmal, wenn ich Zeit und Kraft habe, gehe ich ins hiesige Geflüchteten-Auffanglager nach Moabit, um dort ein Ehrenamt auszuüben. Berlin ist sehr gut zu mir. Und das will ich auf diesem Wege zurückgeben.

Meistens übersetze ich im Auffanglager vom Deutschen ins Arabische. Und meistens sind es Syrer, die dort um Asyl und mich um meine Hilfe bitten. Am Anfang ist es sehr schwierig, all die Menschen und ihre Schicksale zu sehen und anzuhören. An manchen Tagen kann ich vor Frust und Trauer nicht mehr schlafen. In letzter Zeit versuche ich immer häufiger, dort hinzugehen und mich in irgendeiner Weise mit den Menschen auseinanderzusetzen.

Das auslösende Moment für meine heutige Reise in das autonome Camp nach Calais ist der Tag, an dem ich zusammen mit einem Freund eine Gruppe von circa vierzig Geflüchteten auf der Straße auflese. Sie haben keinen Schlafplatz. Viele von ihnen schlafen bereits seit ein oder zwei Nächten draußen. Ich kenne diese Situation aus meinem eigenen Leben. Und deswegen wünsche ich das keinem Menschen auf dieser Welt. Schon gar nicht den vor Krieg Geflüchteten. In den Geschichten dieser Menschen verbirgt sich in jedem Satz der Teufel. Alle Formen von Gewalt, psychische Schäden und Missbrauchsfälle in jeder denkbaren Version sind hier der Anfang jeder Geschichte. Am Schlimmsten ist es mit den Kindern.

In der Traglufthalle in Moabit haben sie manchmal Plätze frei. Da bringe ich an jenem Tag im Juli die Männer und Frauen hin. Auf dem

Fußweg zur Halle fällt mir auf, dass einige der Leute nichts mit sich führen als die Klamotten an ihrem Leib. Eigentlich habe ich vorgehabt, sie nur dorthin zu bringen und dann wieder zu gehen. Die Leute vom Auffanglager sind sehr freundlich und würden sich sicher ausgezeichnet um ihre neuen Gäste kümmern. Aber zwischen mir und diesen Menschen ist längst eine Verbindung entstanden. Sieben Stunden später hat jeder von ihnen etwas gegessen und ein Bett für den Zeitraum, in dem das Landesamt für Gesundheit und Soziales die Kosten übernimmt. Dafür halten sie nun alle die entsprechenden Scheine in den Händen. Kurz vor Mitternacht verabschiede ich mich und gehe in Richtung Ausgang, um die Halle zu verlassen. Einer der Männer folgt mir, um mir etwas mit auf den Heimweg zu geben.

»Bruder, warum tust du das hier? Warum hilfst du uns? Ich möchte dir im Namen der ganzen Gruppe noch einmal danken.«

Das gefällt mir sehr. Tagelang suche ich in Folge dieser Begegnung eine Möglichkeit, Geflüchtete noch effektiver zu unterstützen. Einige Wochen später stoße ich auf Facebook auf einen französischen Zeitungsartikel über das autonome Camp vor Calais. Ich erfahre, dass in diesem Camp derzeit um die viertausend Geflüchtete aus aller Welt leben. Männer, Frauen und Kinder haben dort eine eigene Stadt gebaut. Eine Kirche, eine Moschee, einen Supermarkt, einen Friseur, sanitäre Anlagen, einen Fußballplatz – all das haben die Menschen dort in diesem Camp selbst errichtet.

Autonomie pur. So was fand ich schon immer interessant. Als Kind findet man das richtig lustig. In Wirklichkeit ist es jedoch bitterer Ernst.

Ich will da jetzt hin. So schnell es geht. Und ich will euch hier, die ihr das lest, und meinen Freunden davon berichten. Ich glaube daran, dass die Kenntnis von Geschichten und Menschen dazu führt, dass man selbst aktiv werden möchte, sich engagieren will, wie

Stéphane Hessel es formulierte. Die Zeit ist reif. Manche spenden, sobald sie korrekt informiert werden. Andere gehen ehrenamtlich arbeiten. Und wieder andere hören vielleicht damit auf, Nazis zu sein, wenn sie so etwas mitbekommen.

Mein Vorhaben mache ich auf Facebook publik. Viel kommt dabei nicht rum. Als Helferin habe ich eine Sängerin im Schlepptau. Sie kommt von Stuttgart nach Essen. Dort treffen wir uns, um gemeinsam nach Calais zu fahren. Irgendwie werden wir noch Altkleider sammeln, die wir vor Ort verteilen können.

Meine Nachbarn haben einen Fußball und einen elektrischen Rasierer gespendet. Der Verein *Aktion Europa hilft* hat über Western Union sechshundert Euro geschickt. Damit soll ich vor Ort für fünfhundert Euro Reis kaufen und an die Bedürftigen verteilen. Hundert Euro, sagen sie, dürfte ich als Zuschuss für meine Fahrtkosten behalten. Mir ist klar, dass all diese Dinge keine Welten bewegen können, aber ich verspreche mir selbst, dass mein Besuch an diesem Ort nicht umsonst gewesen sein wird. Wer mich kennt, der weiß, dass ich dort irgendetwas anstellen werde, um an mein Ziel zu kommen. Mein Ziel ist Aufmerksamkeit. Aber nicht für mich, sondern für all die

Menschen, die ihre Heimat verlassen mussten, um hier in Europa auf ein verdrecktes Camp oder eine fremdenfeindliche Meute zu stoßen. Glaubt mir, ich weiß, von was ich spreche: Kein Mensch verlässt freiwillig sein Zuhause.

Tag 2 **Mit 175 Euro nach Calais**

Heute ist Mittwoch. Ich bin inzwischen in Essen. Hier will ich die Sängerin treffen. Sie kommt aus Stuttgart, um mich in das autonome Lager von Calais zu begleiten. Mein Neffe und sein Mitbewohner, bei dem ich hier eine Nacht übernachtet habe, sind auf der Arbeit oder in der Uni. Also gehe ich ein wenig spazieren. Als ich an einem Internetcafé vorbei komme, beschließe ich, meine Recherche über das Lager fortzusetzen. So habe ich mehr Möglichkeiten, morgen auf die Menschen in Calais einzugehen. Im dritten Video auf das ich bei YouTube stoße, führt ein kleines Mädchen das Kamerateam von UNICEF durch das Lager Domes in Kurdistan. Ihr Name ist Niroz.

Niroz ist zehn Jahre alt. Sie musste mit ihren Eltern aus Hassaka in Syrien fliehen. Niroz hat ein beigefarbenes Wolljäckchen an. Darin

sieht sie ein wenig aus wie meine Oma. Sie redet auch wie meine Oma. Aber sie ist viel smarter als meine Oma.

»Ich wünschte, wir wären in Hassaka gestorben. Hier ist kein guter Platz für Kinder.«

Niroz lacht manchmal unter ihrem schönen Haar hervor. Und wenn sie lacht, dann kniet die Erde in aller Demut vor ihr nieder. Denn Niroz kann lachen und scherzen, obwohl sie in einem nordirakischen Geflüchtetenlager leben muss. Ständig weht ihr der Wind die braun-blonden nackenlangen Haare ins Gesicht. Das hält sie jedoch nicht davon ab, den Leuten von UNICEF ihre Lage zu schildern. Niroz sieht aus wie eine Puppe aus einem Disney-Kinderfilm. Doch welche Puppe lebt in einem Camp mitten in einer Wüste?

»In Europa haben Tiere mehr Rechte als wir hier.«

Niroz hat nur ein einziges Problem. Sie ist seit zehn Tagen nicht mehr in der Schule gewesen. Sie will wieder zur Schule, mehr nicht. Niroz will Herzchirurgin werden. Es ist unglaublich – sie spricht davon, in der Zukunft Herzen zu flicken, obwohl sie wahrscheinlich selber gut jemanden brauchen könnte, der ihr die Hand auf ihr kleines Herz legt, um sie zu trösten. Warum muss ein zehnjähriges Kind um Bildung bitten? Warum kann Bildung nicht grundlegend für alle Menschen auf der Erde sein?

Als ich zehn Jahre alt war, stellte sich mein größtes Problem als rotes BMX-Rad dar, für das ich hundertneun Mark zu sparen hatte. Dafür schäme ich mich jetzt. Denn ich war traurig, weil ich das Geld nicht hatte. Niroz ist nicht traurig. Sie lächelt weiter in die Kamera und erzählt, dass ohne Bildung nichts möglich sei. Noch nicht einmal das Lager, in dem sie leben muss.

»Wenn ich groß bin und nicht studieren kann, dann ist das das Ende meines Traums.«

Ich schaue ihr auf dem Bildschirm noch einmal in die Augen, bevor ich meinen Kopf senke, um in mich zu gehen. Wenn ich mich nachher hinlege, um zu schlafen, werde ich ein Gebet sprechen. Ich werde Gott um ein Wunder bitten. Das Wunder soll sein, dass Niroz es seit der Videoaufnahme bis nach Calais geschafft hat. Wenn ich sie dort treffe, dann verspreche ich, dass ich sie mit nach Deutschland hole. Egal, mit welchen Mitteln. Und dann wird sie Herzchirurgin. Da bin ich mir ganz sicher.

Tag 3 Falsche Freunde

Irgendwie geht mein Auto kaputt. Ich weiß noch nicht einmal, was genau daran nicht in Ordnung ist. Aber zum Glück passiert das in Essen und nicht auf dem Weg nach Frankreich. Und dann will mir der Typ von Western Union die Überweisung für den Reis, den ich in Calais an die Geflüchteten verteilen soll, nicht rausgeben, weil mein Name falsch geschrieben ist. Diese Fahrt scheint wie verflucht. Und nun hat auch noch die Sängerin, die mich mit ihrem Auto mitnehmen wollte, seit drei Stunden ihr Handy aus. Ich stehe vor der Wohnung meines Freundes in Essen und bin kurz vorm Kotzen. Wenn die nicht in der nächsten Stunde hier eintrudelt, dann fahr ich mit dem Zug los oder ich trampe.

Alle meine Freunde haben mich gefragt, was ich dort in diesem Camp in Calais eigentlich will. Die Medien haben doch schon darüber berichtet. Für manche ist das eine berechtigte Frage; für mich aber ist das unglaublich dumm. Jeder Autor hat seinen eigenen Weg, etwas darzustellen. Warum soll ich das nicht auch tun? Außerdem kann ich mein Wort nicht brechen. Ich habe gesagt, dass ich da hinfahren werde, also fahre ich auch da hin.

Mein Handy klingelt und die Sängerin ist dran. In gebrochenem Deutsch sagt sie mir, dass sie am Bahnhof in Essen sei. Schnell eile ich dorthin, um keine Zeit zu verlieren.

Drei Stunden fahren wir auf der Autobahn Richtung Westen und es passiert irgendwie nichts. Noch vierzig Kilometer bis Calais. Dann sehe ich ganz hinten am Horizont eine Gruppe von fünf Menschen auf der Autobahn laufen. Das müssen die ersten Geflüchteten sein. Es geht los.

An einer Raststätte bestätigt sich meine Vermutung. Ich steige kurz aus, grüße die Jungs und mache ein paar Fotos. Die Sängerin und ich haben noch kein Hotel. Wir verabschieden uns von den anderen, um noch bei Licht anzukommen, und versprechen, dass wir uns wiedersehen.

Das mit dem Licht hat schon mal nicht geklappt. Also schlafen wir jetzt im Auto, auf einem Parkplatz direkt am Meer. Bevor ich mich hinlege, laufe ich noch einmal ans Wasser, um in mich zu gehen. Calais ist wunderschön. Es wirkt sehr friedlich. Hier sieht es nicht wilder aus als in Stuttgart. Alles schön ordentlich geschnitten und kein Müll auf der Straße. Die Meeresluft tut mir gut. Was auch immer morgen losgehen wird, ich bin bereit. Eins aber ist mir klar. Planen kann man hier nichts. Es kommt ja doch immer anders.

Am nächsten Morgen in einem Restaurant offenbart mir meine Begleiterin beim Frühstück, dass sie sich das Ganze ein wenig anders gedacht habe.

»Das mit den Flüchtlingen habe ich mir anders vorgestellt. Hotel, Strand und Kostenübernahme und so.«

Sie will diskutieren. Auf so eine Scheiße habe ich jetzt aber keinen Bock. Also nehme ich meinen Koffer und meinen Rucksack aus ihrem Auto und verabschiede mich, während ich in Richtung Westen auf die Landstraße zugehe. Zum Glück habe ich das Benzin hierher bezahlt, denke ich noch kurz. Aber egal. Keine Diskussionen. Ich darf mein Ziel nicht aus den Augen verlieren. Apropos Ziel: Wo bin ich hier eigentlich? Erst einmal loslaufen. Und bloß nicht nach hinten gucken. Auch bloß nicht in die Geldbörse gucken. Denn darin sind nun nur noch 175 Euro, abzüglich der Tankkosten von Essen bis hierher.

Auf der Landstraße laufen alle drei- bis vierhundert Meter kleine Gruppen von Geflüchteten in Richtung eines großen Parkplatzes. Ich schließe mich an. Mal sehen, was ich dort in Erfahrung bringen kann. Auf dem Parkplatz neben der Autobahn lerne ich eine Gruppe Sudanesen kennen. Sudanesen sprechen immer Arabisch, und sie sind immer sehr freundlich.

Einer der Geflüchteten ist so müde, dass er sich auf den bloßen Teer zum Schlafen gelegt hat. Ich spreche einen dünnen Mann in einem Filzmantel an, der mir entgegen lacht. Sein Name ist Anwar Ali. Er ist wie fast alle auf dem Parkplatz hier aus dem Sudan.

Anwar erklärt mir, dass er heute in der Dämmerung versuchen wird, über die Autobahn und die Zäune zum Tunnel durchzukommen. Dort will er dann auf einen Zug springen. Das kann ich mir irgendwie nicht bildlich vorstellen. Also bitte ich Anwar, mich dorthin zu bringen und mir zu zeigen, wie er das anstellen will. Anwar schaut auf meinen Koffer und lacht. Er fragt, ob ich das alles mitnehmen will. Jetzt erst wird mir klar, dass Anwar mich ebenfalls für einen Geflüchteten hält.

Während wir meinen Koffer in einem naheliegenden Gebüsch verstecken, erkläre ich Anwar, dass ich deutscher Staatsbürger bin und meine Flucht glücklicherweise vor meiner Geburt von meinen Eltern erledigt worden war. Nach gefühlten drei Kilometern und über mehrere Autobahnen und Weideflächen hinweg erreiche ich mit Anwar einen Kontrollposten in der Nähe des Tunnels. Der Polizeibeamte erklärt mir, dass ich weiter kann, mein Begleiter aber zurückgehen müsse. Es gäbe hier eine Zone um den Tunnel herum, wo sich Geflüchtete nicht aufhalten dürften. Der Beamte erklärt mir aber auch, dass die Geflüchteten nicht versuchen, in den Tunnel zu rennen, sondern eher auf einen der fahrenden Güterzüge springen, um in der Sicherheit der Nacht nach England zu gelangen.

Ein Sudanese hat es geschafft, zu Fuß in den Tunnel zu gelangen. Er war schlau. Nein, er ist schlau. Denn er lebt noch. Er hat die ganzen fünfzig Kilometer zu Fuß hinter sich gebracht und ist am Ende in Großbritannien verhaftet worden. Der sitzt jetzt ein. Aber abschieben können sie ihn nicht. In seinem Land herrscht Krieg.

Als der Beamte sieht, dass ich lächle, lässt er seine strenge Miene sein und holt eine Schachtel Zigaretten aus der Hemdtasche. Er bietet mir sogar eine an. Bevor ich meine Kamera zücken kann, stürmt einer seiner Kollegen aus dem Polizeibus, der etwa zwanzig Meter von uns entfernt steht. Dieser Beamte ist nicht so freundlich wie der erste. Mit den Worten »Go away, go away!« markiert er mal eben den Sheriff. Zu Hause bei seiner Frau würde er sich so einen Ton wohl nicht erlauben dürfen.

Ich konnte solche Typen noch nie leiden. Deswegen kann ich mir nicht verkneifen, ihm zum Abschied noch einen Spruch mit auf den Weg zu geben. Ich frage ihn, ob er der Beamte sei, der die Geflüchteten immer mit der Einliterflasche Pfefferspray besprüht. Ich hätte das im Fernsehen gesehen und sei mir ziemlich sicher, dass er es sein müsse. Jetzt gucken mich beide Polizisten ziemlich böse an. Ich habe zwar noch keinen Schlafplatz, aber eine Zelle entspricht nicht meinen Vorstellungen. Also halte ich die Klappe und drehe mich um, um wegzugehen.

Anwar hat zwar kein Wort verstanden, aber er lacht mich an und schaut dabei auf meine Zigarette. Diese rauchen wir jetzt auf dem Rückweg zusammen. Auf dem Weg zu meinem Koffer im Gebüsch erzählt mir mein neuer Freund alle Versionen gescheiterter Einreiseversuche. Von unzähligen Beinbrüchen über den Tod in einer Stromleitung des Zugs bis hin zu einer von einem LKW überfahrenen Frau gibt es hier viele Beispiele, wie Menschen ihr Leben lassen, um ans

Ziel zu kommen. Ich versuche, Anwar von seinem Vorhaben abzubringen. Aber er bleibt stur. Wenn er es an der Patrouille vorbeischafft, dann wird er springen.

»Entweder England oder den Tod. Wir sind doch eh tot, wenn die uns in den Sudan abschieben.«

Ich kenne Anwar noch nicht gut. Aber ich denke, dass er ehrlicher ist als die meisten Personen, die ich in der letzten Woche getroffen habe. Anwar will sich nicht auf Kosten anderer Menschen profilieren oder ein tolles Foto in Calais machen, wie ich es will. Nein, Anwar will einfach nur frei sein. Und dafür ist er bereit, alles zu riskieren. Ich schenke Anwar ein T-Shirt und verabschiede mich in Richtung Innenstadt.

Das sind jetzt sieben oder acht Kilometer bis nach Calais. Ich will unbedingt ein Hotel in der Nähe des Zentrums. Da finde ich sicher schnell Anhang. Vielleicht Journalisten mit Auto oder dergleichen? Aber bevor ich danach suche, finde ich erst etwas anderes. Die Gastfreundschaft der Einwohner von Calais. Oder besser gesagt, ich finde sie nicht.

Irgendwo in der Stadt scheint ein Straßenfest oder eine Kirmes zu sein. Überall laufen Familien mit Kind und Kegel umher. Alle gucken mich an, als wäre ich ein Alien und hätte grüne Haut. Das gefällt mir nicht. Erst als ich das dritte Mal daran scheitere, mir den Weg ins Zentrum zu erfragen, schwant mir, dass es nicht die Unwissenheit der Einheimischen ist, die meinen Versuch scheitern lässt, sondern Ablehnung und Angst. Sie denken, ich wäre ein Geflüchteter. Unglaublich. Aber warum eigentlich nicht. Hier läuft ein Kanake mit 'nem Koffer in der Nähe des Tunnels herum. Was soll ich denn sonst sein, wenn nicht ein Geflüchteter?

Tag 4 Jasper

Nach fünf Kilometern habe ich schon fast die ganze Promenade von Calais einschließlich ihrer neuen Einwohner, den Geflüchteten, gesehen. – Wenn du länger als eine Minute keinen geflüchteten Menschen mehr gesehen hast, dann bist du nicht mehr in Calais.

Es ist jetzt circa vierzehn Uhr. Meine Schultern schmerzen von dem Rucksack, den ich trage. Mein Arm ist vom Ziehen des Rollkoffers gefühlte zwei Meter länger geworden. Und ich bin komplett durchgeschwitzt. Die Urlauber und Einheimischen schauen mich noch immer skeptisch an. Das gefällt mir gar nicht. Bei einem der vielen Kreisverkehre sehe ich ein Journalistenteam, wie es aus dem Auto heraus die Menschen fotografiert, als handele es sich um eine Safari. Die Geflüchteten versuchen noch schnell, ihre Gesichter zu verdecken.

Daraufhin fällt mir etwas ein, wie ich die Blicke der Passanten von mir abwenden kann. Ich hole meine Kamera aus der Tasche und schraube das Weitwinkelobjektiv darauf. Wie rasch ein technischer Gegenstand Rollen verändern kann. Welcher Geflüchtete läuft schon mit einer Spiegelreflex durch Calais? Meine neue Identität funktioniert. Ein alter Franzose gibt mir den Hinweis auf ein Hostel ganz in der Nähe.

Im Foyer unterhalte ich mich mit dem Portier über die Lage der Geflüchteten und warum sie nicht ins Hostel dürfen. Mein Zimmer ist gleich fertig. Ich will nur noch unter die Dusche und dann ein wenig schlafen.

Während ich an der Rezeption meinen Blick über den Boden streifen lasse, betreten auf einmal Hipsterschuhe unter Hipsterhosen das Hostel. Nur wenige Sekunden später haben sie mich erreicht und eine schwarze Tasche mit einem Kamerastativ darin wird abgesetzt. Bingo. Den zugehörigen Menschen haue ich jetzt an. Der Fuß gehört zu Volkan Duman aus Amsterdam. Volkan ist Niederländer mit türkischem Migrationshintergund, studiert irgendetwas mit Film und will eine Art Doku über das Lager machen. Das ist klasse. Während ich mich mit diesem überaus freundlichen Mann unterhalte, kommt sein Begleiter ins Foyer gelaufen. Der sieht echt witzig aus. So ein langer schlaksiger Holländer mit einem blonden Zopf, er stellt sich mir als Jasper vor. Jasper ist bestimmt zwei Meter groß. Und er ist voll cool drauf.

Ich frage die beiden, ob wir nicht zusammen ins Camp gehen sollen. Sie begrüßen meine Idee mit einem Handschlag. Für ihre Interviews kann ich übersetzen und die Taxikosten können wir uns nun auch durch drei teilen. Eine klassische Win-win-Situation, würde ich sagen. Doch die beiden wollen jetzt gleich los. Das ist heftig. Ich bin total fertig. Aber ich bin, ehrlich gesagt, auch heiß darauf, dieses Lager kennenzulernen, das die Menschen den Dschungel von Calais nennen. Schnell bringe ich meine Sachen aufs Zimmer und kehre nur mit meiner Kamera ausgestattet zurück zu Jasper und Volkan.

Der Dschungel liegt genau wie das Hostel am Meer. Wir müssen nur irgendwie den Hafen umgehen, dann sind wir da. So sieht es zumindest auf der Karte aus. Im wirklichen Leben sind das etwa acht Kilometer.

Auf dem Weg treffen wir immer wieder auf kleine Gruppen von Geflüchteten. Und alle haben das gleiche Ziel: England. Und zwar auf dem Zug durch den Eurotunnel. Sie sagen uns, dass wir einen Teil der Strecke mit dem Bus zurücklegen können. Dies tun wir dann auch. Auf der Fahrt dorthin stellt sich heraus, dass Jasper und Volkan Weltreisende sind. Jasper ist sechsundzwanzig Jahre alt. Volkan ist erst vierundzwanzig. Die beiden haben sich bei einem Volontariat in

Simbabwe kennen gelernt. Vor Menschen, die durch die Welt reisen, habe ich immer sehr viel Respekt.

Jasper wird mir immer sympathischer. Ständig hält er irgendwelche Gruppen von Geflüchteten auf der Straße an und unterhält sich mit ihnen. Er schenkt fast jedem der Geflüchteten eine Zigarette. Jasper redet mit Eritreern, Äthiopiern und Sudanesen. Er hat die ganze Zeit eine starke Ausstrahlung, wenn er den gekränkten Herzen in seiner freundlichen Art ein wenig Anerkennung und Respekt schenkt. Die Geflüchteten reagieren positiv auf ihn, wir lachen und scherzen, bevor sich unsere Wege trennen.

Als wir aus dem Bus auf eine Landkarte schauen, finde ich heraus, dass dort, wo ich Anwar getroffen habe, das eine Ende von Calais ist und das Camp genau entgegengesetzt liegt. Noch zwei Kilometer. Es gibt eine letzte Industriestraße, die ganz hinten an ihrem Ende in eine Brückenunterführung mündet. Dahinter beginnt der Dschungel.

Je näher wir an die Unterführung herankommen, umso dichter werden die Abstände zwischen den Gruppen von Geflüchteten. Zum Tunnel brauchen sie drei Stunden. Zu Fuß versteht sich. Und drei Stunden zurück. Neunundneunzig Prozent der Geflüchteten kommen nicht weiter als ich und Anwar vor ein paar Stunden. Kurz vorm

Tunnel werden sie auf der Autobahn von der Polizei angehalten. Die Beamten sagen den Geflüchteten dann auf unterschiedlichsten Wegen, wie scheiße sie sie finden, bevor sie sie dann zurück in ihr Lager schicken. Die Wucht dieser Begegnungen kann man den Rückkehrenden deutlich an ihren Gesichtern ablesen.

Der Dschungel wächst hier seit 2012. Er liegt an der westlichen Seite des Hafens neben der Autobahn, die zur Fähre führt. Die Sonnenuntergänge an dieser Stelle sind wunderschön anzusehen. Wäre da nicht dieser Stacheldrahtzaun, man könnte schon fast von einer romantischen Aussicht sprechen.

Als ich vorne den Haupteingang des Camps erreiche, empfängt mich eine Brise Meeresluft. In ihr enthalten sind diverse Essenzen. In den folgenden Tagen wird sich herausstellen, dass es dort nicht nur nach verbranntem Plastik, offenem Feuer oder orientalischer Küche riecht. Es riecht auch nach Frust, Wut und Verzweiflung.

Diese Gerüche kennt man nur, wenn man schon einmal in einem Slum war. Denn genau das ist dieses Camp, das die Leute den Dschungel nennen. Meiner Auffassung nach handelt es sich hierbei um eine Kommune mit fünf verschiedenen Slums; ein afghanischer, ein pakistanischer, ein iranischer, ein sudanesischer und ein ostafrikanischer Slum, mit Letzterem meine ich das Habasch-Viertel mit seinen Eritreern und Äthiopiern.

Wir beschließen, unsere Kameras nicht offen am Körper zu tragen, sondern sie irgendwie in unsere Kleidung zu integrieren. Dies tun wir aus Respekt vor den Geflüchteten. Sie sollen sich nicht wie Tiere vorkommen, die man im Zoo besucht, weil man noch nie so eine exotische Spezies gesehen hat.

An diversen Verkaufsläden und Imbissen vorbeigehend treffen wir auf pakistanische Jungs, die Cricket spielen. Gleich dahinter im afghanischen Viertel spielt eine Gruppe von circa zwanzig Jungs Volleyball. Überall ertönt die Musik der jeweiligen Kommune. Ständig huscht ein Geflüchteter auf einem Fahrrad an uns vorbei, als müsste er dringend zur Arbeit. Aber wer gibt diesen armen Teufeln schon Arbeit. Das ist verboten.

Dieses Verbot macht die Leute erfinderisch. Sie haben ihre eigenen Läden. Einer ist Friseur, ein anderer weiß, wie man schnell und günstig eine Hütte baut, und noch ein anderer betreibt eine Shisha-Bar. Es gibt aber auch eine Hütte, in der ein Billardtisch aufgestellt ist. Da kann man für einen Euro in der Stunde bei Snacks und Getränken Billard spielen. Mein kleiner Bruder fände das vermutlich total gut. Er würde versuchen, sich in irgendeiner Weise an diesem außergewöhnlichen Geschehen zu beteiligen. Aber die Menschen, die hier leben müssen und eigentlich woanders hin wollen, finden das bestimmt nicht total gut.

Der Dschungel von Calais ist so was wie ein Festivalgelände. Nur ohne den Fun.

Halb durch das Camp durchgelaufen, fällt mir auf, dass es kaum Frauen gibt. Ich muss an die Neonazis in Deutschland denken, die den Geflüchteten Feigheit und Egoismus unterstellen, weil sie zuerst die Männer schicken. Also beginne ich, die Menschen hier nach dem Grund für das Ausbleiben weiblicher Geflüchteter zu befragen.

Sie erzählen mir von einer ehemaligen Jugendherberge, in der man Frauen und Kinder unterbringt. Das Salam. Dort wird auch Essen ausgegeben. Dieses Areal ist nur für Geflüchtete zugänglich. Es liegt gleich neben dem Dschungel. Und dieser liegt direkt an der Atlantikküste in den schönsten Dünen von Nordfrankreich.

Vom Salam habe ich mir schnell persönlich einen Eindruck verschafft. Die Jungen und Männer stehen hier mit etwa tausendfünfhundert Personen an dem großen Eisentor vor dem Gelände der ehemaligen Jugendherberge an. Wenn Helfer dieses Tor öffnen, kommt es häufig zu unschönen Szenen. Jeder will der Erste bei der Essensausgabe sein. Keiner will bei den Duschen zwei Stunden warten, bis die anderen vor ihm fertig sind. Drängeleien gibt es auch bei den Steckdosen, wo man einmal am Tag sein Handy aufladen kann. Das zu sehen, gibt mir ein unangenehmes Gefühl. Ich hatte gehofft, dass es hier mit etwas Witzigem oder zumindest Interessantem losgehen kann.

Wir gehen zurück, um die Kirche zu suchen. Ich kann es kaum abwarten, diese endlich zu sehen. Sie soll sich hinter dem afghanischen Viertel im Habasch-Areal befinden. Wir kommen an Wasserstellen vorbei. Da ist ein Schlauch in den Boden eingelassen. Der geht rund um das Camp. Manchmal, wenn der Schlauch aus dem Boden ragt, sieht er fast aus wie ein regulärer Wasserhahn auf einem Metallrohr. Die Bewohner des Dschungels bekommen hier Wasser, zum Kochen und um sich selbst, aber auch ihre Kleidung zu waschen. Die meisten von ihnen waschen sich und alles andere gleich hier an der Wasserstelle. Entsprechend sieht es auch aus. Wir müssen jetzt das

erste Mal in unserer schönen europäischen Kleidung durch Schlamm und Matsch, gemischt mit Shampoo und Waschmittel waten.

An den Wasserstellen vorbei kommen wir in das Habasch-Viertel. Die Habasch sind eine Stammesgruppe aus Eritrea und Äthiopien. Viele unter ihnen sind Christen. Die Habasch leben ihre Religion sehr intensiv und emotional aus. Sie haben diese unglaubliche Kirche in ihrem Viertel errichtet. Die Plastikkirche. Diese besteht aus einem Holzgerüst, das mit weißen Plastikplanen überzogen ist. Das Kreuz über dem Eingangsbereich erhebt sich etwa zwölf Meter in die Luft. Draußen vor der Kirche gibt es sogar eine Glocke, mit der sie die

Menschen zum Gebet rufen. Vor der Kirche versuche ich herauszufinden, ob es hier auch einen Priester gibt. Nach drei oder vier Befragungen treffe ich auf einen Mann, den man mir als Verantwortlichen vorstellt.

Sein Name ist Eli. Wahrscheinlich heißt er Elias. Ich will aber nicht weiter bohren, weil ich gehört habe, dass hier auch Menschen leben, die in ihren Heimatländern verfolgt werden.

Eli ist ein vierunddreißigjähriger Eritreer. Er erklärt mir alles über die Kirche. Eli ist sehr freundlich und zuvorkommend. Ein Foto darf ich dennoch nicht von ihm machen. Noch nicht. Ich reiche ihm die Hand und frage ihn über das Camp und die Kirche aus. Es ist unbeschreiblich schön, hier nach und nach all diese faszinierenden Sachen herauszufinden und so viel erzählt zu bekommen. Eli wird immer lockerer. Und seine Haltung mir gegenüber fühlt sich gar nicht mehr abweisend an. Zwischendurch frage ich ihn einmal, ob er glaubt, dass Jesus vielleicht eine dunkle Hautfarbe hatte. Eli lacht mich einfach nur freundlich an. Und dann antwortet er.

»Es ist doch egal, wie Jesus ausgesehen hat. Hauptsache ist, dass es ihn gegeben hat.«

Eli ist jetzt mein Freund. Darauf bin ich sehr stolz. Die anderen Geflüchteten sind immer sehr knapp angebunden und beschränken sich auf den nötigsten Kontakt mit mir. Wahrscheinlich wegen unserer Kameras. Ich beginne zu spüren, dass ich hier etwas Großartiges lernen werde. So fühle ich mich immer, wenn ich auf Reisen bin und Dinge oder Menschen kennenlerne, die man sonst nur im Fernsehen sieht. Die sehen hier nicht nur aus wie die Menschen aus dem Fernsehen. Es sind die Menschen aus dem Fernsehen.

Menschen wie Eli haben ganz einfache Wünsche. Und sie sind immer ehrlich. In meiner Welt sind diese Attribute unbezahlbar. Also frage ich Eli, was ich ihm oder seiner Gemeinde aus Deutschland mitbringen kann, wenn ich das nächste Mal komme. Er antwortet mir, dass er sich wünscht, niemals von meiner Rückkehr zu erfahren, weil er am liebsten schon morgen nicht mehr hier sein würde. Ich weiß nicht, wie ich auf diese bittere Wahrheit reagieren soll. Zum Glück ist Jasper zur Stelle. Er nimmt Eli am Arm und bittet ihn darum, uns die Kirche von Innen zu zeigen. Glück gehabt.

Vor dem Eintritt bekreuzigt sich Eli und zieht sich die Schuhe aus. Im Inneren erklärt er uns, was es mit der Kirche auf sich hat. Man sieht dort alles, was es auch in einer durchschnittlichen deutschen Kirche gibt, allerdings sehr komprimiert. Sie haben dort Weihwasser, einen Altar, Gebetbücher in verschiedenen Sprachen, Bilder der Heiligen, hölzerne Jesus- und Marienfiguren, sogar Stützhocker für alte Menschen. Ich bin beeindruckt.

Aber eines beeindruckt mich noch viel mehr. Es ist so still hier. Und das mitten im Dschungel. Das ist eine tolle Erfahrung. Am liebsten würde ich mich auf die Teppiche in der Kirche legen, um ein wenig zu schlafen. Und wahrscheinlich hätte damit auch niemand ein Problem. Aber Jasper hat draußen schon wieder einen Geflüchteten in ein Gespräch verwickelt. Und so versuchen wir zu dritt, ein paar Informationen aus ihm heraus zu kitzeln. Der Ort, den sie errichtet haben, um Gott zu erreichen, wird für uns zu einem Raum der Begegnung mit den Menschen.

Tag 5 Auf der Flucht

Mit gesenktem Haupt gehe ich mit den Jungs weiter, um ein wenig nachzudenken. Eli ist wirklich ein guter Mensch. Ich habe ihm beim Beten zugesehen. Er hat beim Gebet genauso gekniet, wie Muslime es tun. Damit hat er mir etwas gezeigt, das ich zukünftig bei Diskussionen über religiöse Unterschiede benutzen kann: Es gibt keinen Unterschied. Allein der Mensch ist, was zählt. Danke, Eli.

Wenn es hier im Camp eine Kirche gibt, dann muss es auch eine Moschee geben. Immerhin leben hier sehr viele Sudanesen. Und zumindest Sudanesen aus dem Norden des Landes sind fast immer Muslime. Also frage ich bei den Menschen, an denen wir vorbeikommen, nach und erfahre, dass ganz in der Nähe im afghanischen Vier-

tel tatsächlich eine Moschee errichtet wurde. Ein paar Minuten später stehen wir vor einem etwa dreißig Quadratmeter großen Bau und bewundern genau das gleiche Phänomen wie ein paar Minuten zuvor an der Kirche. Die Afghanen haben sogar eine Art Veranda vor dem Eingang gebaut. Dort ziehen wir unsere Schuhe aus, um dann ins Innere zu gelangen. Jetzt hört sogar Jasper auf zu sprechen.

Der Grund dafür ist einfach: Genau wie in der Kirche ist es hier drinnen einfach nur still. Ich genieße den Anblick der an den Wänden hängenden Gebetsgewänder. Dann setze ich mich auf den Teppich. Dieser ist wie in den meisten Moscheen in einzelne Gebetseinheiten aufgeteilt. Ein wunderschöner Anblick: Hier ist ein guter Platz zum Beten.

Weiter geht es zu einer Bücherei, welche von französischen Freiwilligen wie so Vieles hier im Camp aus Holz und einer Plastikplane gebaut wurde. Die Bücherei besteht aus einer fünfzehn Quadratmeter großen Hütte, in welcher erst zwei Regale mit Büchern stehen.

Draußen vor der Bibliothek sitzen Bill und Kate. Bill ist Biophysiker in Rente. Er plant online Projekte, mit denen man effektiv helfen kann. Kate ist eine selbstbewusste und liebevolle Frau, die im

Dschungel bereits verschiedene Projekte angestoßen hat, um die Geflüchteten ein wenig von ihrer anstrengenden Situation abzulenken. Heute hat sie Luftballons mitgebracht und bläst diese gemeinsam mit den geflüchteten Kindern auf.

Der Fußweg durch die Viertel des Dschungels wird von vielen beeindruckenden Einrichtungen gesäumt. Ich habe hier Miniläden, Imbisse, Strom- und Wasserstellen, ja sogar Friseure entdeckt. Leider ist er auch von stinkendem Müll geprägt. Und wenn man ihn verlässt, findet man heraus, dass der Müll abseits des Weges noch viel dichter wird. Hier liegen vor allem Bierdosen und es sieht tatsächlich so aus wie in den Slums, die man im Fernsehen sieht. Die schlechte Seite dieses Ortes präsentiert sich als Müll, übler Geruch und Gleichgültigkeit.

Immer wieder, wenn sich der Blick eines Geflüchteten und meiner treffen, entsteht ein Gefühl von Scham zwischen uns. Die Geflüchteten scheinen sich für ihre Situation zu schämen. Und ich schäme mich dafür, dass ich sie durch mein europäisches Auftreten dazu gebracht habe, sich zu schämen. Diese Menschen müssen hier im Unrat leben. Und an jedem Teil, das in diesem Müllhaufen zu sehen

ist – sei es ein Tetra Pak oder eine weggeworfene Rasierklinge –, klebt ein Fetzen Menschenwürde.

Spätestens jetzt wird mir endgültig klar, wie groß die Verzweiflung an diesem Ort wirklich ist. Das hier ist kein Zeltlager, in das man mal eben für ein paar Wochen kommt. Im Dschungel von Calais leben nur Menschen, die ein massives Problem in ihrer Heimat haben. Warum sonst sollten sie damit einverstanden sein, an einem Ort wie diesem hier zu leben? Kein Mensch lässt freiwillig Haus und Familie für einen Ort wie den Dschungel zurück.

Auf dem Weg aus dem Camp heraus sehe ich einen Geflüchteten vor seinem Zelt. Er kniet auf einem Gebetsteppich. Ruhe und Versenkung angesichts einer ausweglosen Situation.

Wortlos trotten wir zu dritt die scheinbar endlos lange Straße entlang, um das Camp in Richtung Innenstadt zu verlassen. Eigentlich kann ich schon seit Stunden nicht mehr laufen, doch Jasper und Volkan wollen unbedingt noch zum Eurotunnel. Vor und hinter uns bewegen sich Gruppen von Geflüchteten aus allen Ländern dieser Welt, die scheinbar alle das gleiche Ziel haben: die Gleise nach Großbritannien. Am Ende der Straße spricht Jasper eine vierköpfige Gruppe von Pakistanern an. Einer von ihnen kann Englisch. Wir scherzen gemeinsam und finden sogar wieder einen Weg zum Lachen. Die Jungs erzählen uns, dass sie auf dem Weg zu den Gleisen sind. Ich bin todmüde, aber ich möchte sie trotzdem begleiten.

Zu den Gleisen muss man auf jeden Fall gegangen sein. Wie soll ich von Calais berichten, ohne den Grund für die Existenz des Dschungels mit eigenen Augen gesehen zu haben? Doch die Müdigkeit fordert ihren Tribut. Wir entscheiden uns, erst morgen zu den Gleisen aufzubrechen.

Zum Hostel sind es von hier fünf Kilometer. Ich beginne, Menschen in ihren Autos anzusprechen. Wir bieten fünfzehn Euro für die Fahrt. Der dritte Wagen nimmt uns mit. Der Fahrer heißt Mark. Er ist ein zweiundvierzigjähriger Engländer mit ungarischem Migrationshintergrund. Mark ist gerade aus Gibraltar angekommen. Dort hat er sich ein rotes Wohnmobil gekauft, er ist jetzt auf dem Rückweg nach England. Als wir losfahren, erkläre ich Mark, warum wir drei hier in Calais sind. Mark macht uns Mut, unsere Sache weiter zu verfolgen. Er sei auf der Seite der Geflüchteten. Mark bietet uns Bier und Wasser an. Wir verzichten nicht. Ob er uns gegen eine Tankkostenbeteiligung auch zu den Gleisen fahren würde? Ich frage ihn einfach mal. Mark willigt sofort ein. Nur zehn Minuten später sind wir in der Nähe des Eurotunnels.

Unser Fahrer weiß besser als wir, wo wir hinwollen. Das Ziel ist eine Art Industriegebiet. Alles hier ist ordentlich. Die Bäume und das Gras sind fast perfekt gestutzt. Die Straßen sind ganz sauber. Kein Müll und kein Unrat. Nichts, das nicht hierher gehört. Konzentriert blicke ich umher, um mich zu orientieren. Ich sehe, dass sich in den Büschen etwas bewegt. Das müssen Geflüchtete sein.

Wir lassen Mark auf dem Parkplatz zurück, um den Bewegungen zu folgen. Unsere Vermutung bestätigt sich, als ein Polizeiauto vorbeikommt und der Busch plötzlich mucksmäuschenstill wird. Eine unbeschreibliche Erfahrung.

Als ich die Büsche erreicht habe, fällt mein Blick auf einen Jungen, nicht älter als fünfzehn Jahre. Er lächelt mir entgegen und reicht mir die Hand. Abdullah ist ein Halbwaise aus Pakistan. Seine Mutter ist tot, der Vater seit Monaten verschwunden. Abdullah ist mit einem Onkel und zwei Cousins im Camp. Heute will er sein Glück auf dem Zug nach England probieren. Ich beschließe, ihn zu begleiten. Doch dazu müssen wir an den Patrouillen vorbei.

Am letzten Zaun stoßen wir auf eine Anhöhe, die mit ihren vielen Bäumen und dem Gestrüpp Schutz in der Dunkelheit bietet. Wir legen uns auf den Boden. Da liegen wir nun in dieser gehäckselten Baumrinde, die immer in Beeten ausgestreut wird. Ich genieße die Meeresluft und die Gegenwart der anderen. Wir sechs Jungs. Alle gleich. Hier oben ist keiner mehr wert als der andere. Das ist voll bequem hier. Wenn da nur nicht die Polizisten wären.

Abdullah wirkt sehr angespannt. Er liegt unmittelbar neben mir und starrt konzentriert auf eines der Patrouillenfahrzeuge, welches unentwegt unten am Zaun hin und her fährt. Mit zwei Mittelfingern in Richtung der Patrouille will ich ihm zeigen, dass die uns nichts tun können, da sie uns in der Dunkelheit doch gar nicht sehen. Doch er schreckt jetzt trotzdem auf und erklärt mir, dass die Polizisten über Nachtsichtgeräte verfügen. Unglaublich. Abdullah hat recht. In Windeseile fahren die Wagen direkt auf uns zu. Aufgescheucht suchen wir das Weite.

Ich versuche zu fotografieren. Es gelingt mir nicht. Den Beamten ist dies sicherlich lieber so. Einen der Jungs stoße ich beim Rennen links in ein Gebüsch. Der ist schon mal in Sicherheit.

Abdullah nehme ich an der Hand und zerre ihn immer weiter bis zu einem kleinen Hügel, der viel Dunkelheit zum Verstecken bietet. Dort werfe ich mich auf den Jungen, um ihn vor der Polizei zu schützen. Mir können sie ja nichts tun; ich bin »German Citizen«. Abdullah aber muss wahrscheinlich ein paar Tage in Haft, wenn sie ihn in dieser Zone hier erwischen. Vielleicht würden sie ihn auch schlagen. Das alles hier tut mir voll leid. Ich muss den Jungen ein wenig beruhigen. Während ich auf Abdullah einflüstere, spüre ich, dass sein Herz vor Angst rast. Mir kommen die Tränen.

Wie können wir es zulassen, dass ein Mensch in Todesangst gerät, weil er frei sein möchte? Dieser Junge ist noch ein Kind. Gott allein weiß, was ihm sein Leben in der Vergangenheit an schlimmen Erfahrungen zugemutet hat.

Ich sage Abdullah, dass ich mich jetzt stellen werde. Damit möchte ich die Polizei von ihm ablenken, so dass er hintenrum aus unserem Versteck verschwinden kann. Als die nächste Patrouille kommt, trete ich aus meinem Versteck heraus und auf das Polizeifahrzeug zu und hebe die Hände. Ich mache das so theatralisch wie möglich, um mehr Zeit für Abdullah zu gewinnen. Ich lasse mich verhaften und verhören. Ein Beamter versucht, mich gegen das Polizeifahrzeug zu drängen. Dabei stößt er mit seiner Hand gegen meine Kamera, die ich unter meiner Jacke versteckt gehalten habe. Sie sollten doch denken, dass ich ein Geflüchteter wäre. Plötzlich hören die Beamten auf, mich zu schubsen und ungehobelt mit mir zu sprechen.

Ich zeige ihnen meinen Personalausweis und erkläre, dass ich auf der Suche nach einem Freund bin. Wir seien hier umhergelaufen und hätten uns durch das Wegrennen verloren. Die Grenzer befehlen mir, diesen Abschnitt zu verlassen. Sie wollten mir die Regeln nicht in einer Haftzelle beibringen, wie sie sagen.

Ich tue so, als würde ich die Straße entlang von dort weggehen. Ich kann aber nicht weg. Da hinten, gleich hinter dem Polizeiauto, kniet noch immer ein minderjähriger Pakistaner im Unterholz und macht sich gleich vor Angst in die Hose. Ich muss wenigstens nachsehen, ob er es geschafft hat. Wenn ich da aber wieder hingehe, dann nehmen die mich mit. Egal. Besser mich als einen fünfzehnjährigen unterernährten Jungen, denke ich mir und springe die Büsche hinab, um möglichst unerkannt wieder zu Abdullah zu kommen.

Zurück an der Stelle, wo ich ihn zurückgelassen habe, finde ich Abdullah nicht. Stattdessen stoße ich auf drei neue Geflüchtete, zwei Syrer und einen Afghanen. Ich biete ihnen meine Hilfe an. Doch sie lehnen dankend ab. Sie werden gleich alles riskieren. Auch ihr Leben. Denn wenn man nicht auf dem Zug landet, drohen immer die Stromleitung oder ein unglücklicher Aufprall.

Plötzlich steht das Polizeiauto wieder an unserem Gebüsch. Sie leuchten alles ab. Ein zweites Fahrzeug kommt hinzu. Jetzt ist alles verloren. Hoffentlich hat Abdullah es wenigstens geschafft. Ich gebe den anderen dreien ein Zeichen. Sie sollen hier warten, bis ich an der Anhöhe bin. Schreiend renne ich über den nebenan liegenden Parkplatz und versuche so, die Aufmerksamkeit auf mich zu richten. Das klappt auch ganz gut.

Einer der Wagen muss an ein paar Bäumen stehenbleiben. Er ist nicht hinterhergekommen, als ich durch sie hindurchrannte. Doch der andere Wagen kennt das Gelände gut und umfährt die Szenerie. Ich habe jetzt etwa vierhundert Meter, bis sie bei mir sind. Und ich weiß jetzt noch sicherer, dass ich gleich Schläge bekommen werde. Trotzdem werde ich versuchen, sie aufzuhalten, solange ich stehen kann. Also knie ich in einem Busch und warte darauf, entdeckt zu werden.

Eine halbe Minute lang überschlagen sich die Gedanken in meinem Kopf. Warum tun sich die Geflüchteten das hier an? Das ist lebensgefährlich. Warum tue ich mir das selbst an? Was passiert hier gleich? Was geht in einem Grenzpolizisten vor, wenn er herausfindet, dass der Mensch, den er jagt, ein minderjähriger Waisenjunge ist? Ich habe keine Angst. Aber ich bin ratlos. Also lasse ich meine Gedanken ziehen und schnüre mir noch mal meine Schuhe fest. Gleich geht's rund.

Ein dunkler VW-Kombi fährt musternd am Gebüsch vorbei. Mist, noch ein Auto. In Deutschland wäre dies ganz sicher ein Hundewagen. Jetzt haben die mich auf jeden Fall. Als der Wagen in Sichtweite ist, erkenne ich an dem dunklen VW ein Münchner Kennzeichen. Deutsche! Das sind bestimmt Journalisten. Und die haben bestimmt ihre Presseausweise und Kameras dabei. Ich rufe dem Auto hinterher.

»Deutschland, Deutschland, bleibt bitte stehen! Die machen uns gleich fertig.«

Das Auto fährt weiter.

Jetzt bin ich dran. Denn ich stehe hier mitten auf der Straße und die Polizei hat das bestimmt mitbekommen. Also wieder rennen. Doch der VW bleibt nach ein paar Metern stehen und legt den Rückwärtsgang ein. Neben mir angekommen, öffnet sich ein Fenster und ein kahlköpfiger Fahrer fragt mit Hamburger Akzent: »Diggi, wos'n loos hieah?« Ich würde es ihm gerne erklären, aber ich will einfach nur noch weg.

Die Hamburger fahren mich zurück in Richtung Hostel. Der Fahrer heißt Sebastian. Er ist Deutscher mit polnischem Migrationshintergrund. Genau wie sein Begleiter, Jarek. Der ist außerdem Regisseur und macht einen Film über das Camp. Der Kameramann heißt Leo und kommt aus Düsseldorf. Alle drei schauen mich ein wenig unsicher an. Für sie ist die Begegnung sicher nicht weniger unerwartet gekommen als für mich. Da mir das Adrenalin noch immer meinen Verstand vernebelt, sage ich erst einmal nichts. Außerdem sind mir die Tränen bereits bis in die Nase gestiegen. Ich möchte ungern als heulendes Kleinkind rüberkommen.

Das eben war niemals ein Zufall. Das waren vielleicht noch zwanzig Sekunden, bis man mich festgenommen und mir in einer Haftzelle Manieren beigebracht hätte. Irgendwas muss ich heute richtig gemacht haben. Wenn du alleine bist und der Polizei Ärger gemacht hast, bekommst du auf jeden Fall Schläge. Das gilt nicht nur für Geflüchtete. Das ist überall auf der Welt gleich.

Vor meinem Hostel angekommen, vereinbare ich mit den Jungs, ab jetzt mit ihnen weiterzumachen. – Jasper und Volkan habe ich sowieso schon aus den Augen verloren. Jarek und Leo waren vor ein paar Wochen schon einmal in Calais und kennen hier viele Leute. Ich spreche Arabisch und kann so Interviews für sie führen. Das passt. Morgen um elf Uhr holen sie mich wieder ab. Dann sind wir zu viert. Ich freue mich auf die Jungs.

Sebastian, der Fahrer, hat mich nicht nur gerettet, er hat mich auch berührt. Denn er ist weder Journalist noch auf andere Weise in das Ganze verwickelt. Er ist genau wie Jasper einfach hier, um irgendetwas Gutes zu tun.

Beim Einschlafen denke ich zurück. Ich bin gerade erst vierundzwanzig Stunden hier in Calais. Und schon haben so viele besondere Menschen meinen Weg gekreuzt. Ich bin traurig und glücklich zugleich. Doch vor allem bin ich unendlich dankbar.

Tag 6 »I am not animal«

Es ist etwa halb elf und ich sitze in einer der kleinen Bäckereien am Meer. Mit den Hamburger Jungs habe ich mich hier für elf Uhr verabredet. Gleich kommen sie, um mich mit dem Auto abzuholen. Als der dunkle VW-Kombi vor der Bäckerei erscheint, habe ich es plötzlich nicht mehr so eilig wie noch ein paar Stunden zuvor. Während der Fahrt stellen wir uns gegenseitig vor.

Jarek Duda ist dabei, einen Dokumentarfilm über das Camp zu machen. Er will sich als Filmregisseur weiterentwickeln. Bislang ist Jarek eher für außergewöhnliche Rap-Videos bekannt. Sein Kameramann Leo kommt aus Düsseldorf. Leo ist einer dieser langen höflichen und gutaussehenden Studenten, in die sich die Mädchen an der Uni scharenweise verlieben. Er hat mit seinen vierundzwanzig Jahren schon ein Schnitt-Studium abgeschlossen. Jetzt wird er Kameramann.

Der Dritte im Bunde ist Sebastian. Ihn kann ich nur schwer beschreiben. Auf den ersten Blick wirkt er topfit. Er ist überfreundlich und sehr hilfsbereit. Was auch immer seine Aufgabe hier in diesem Team ist, Sebastian ist auf jeden Fall die treibende Kraft. Er ist ein klassischer Dynamo und seine Energie wird in den folgenden Tagen, bis auf eine Ausnahmesituation nie nachlassen.

Nach einer Tasse Tee in einem Café in der Innenstadt fahren wir direkt zum Camp. Auf dem Weg dorthin erzählen mir die Jungs, dass sie zum Zeitpunkt unserer Begegnung noch nicht einmal drei Minuten in Calais gewesen waren. Ich bemerke, dass Sebastian mich durch den Rückspiegel fragend ansieht, als würde er das Gleiche denken wie ich. Das war niemals ein Zufall! Ich glaube an so Sachen wie Schicksal oder Vorsehung. Deswegen glaube ich in diesem Moment auch, dass es sein sollte, dass wir unseren Weg zusammen gehen werden. Diese Jungs stehen für eine gute Sache ein, denke ich. Deswegen werde ich sie, so gut es mir möglich ist, unterstützen.

Am Camp angekommen, treffen wir auf sudanesische Jungs, die gerade Fußball spielen. Sebastian lässt den Wagen einfach auf der Straße stehen und springt heraus, um mitzumachen. Ich setze mich auf einen großen Felsen, um mir die Szene anzusehen. Da spielen circa zehn Jungs mit einem abgewrackten Ball. Sebastian ist jetzt schon einer von ihnen. Hat Sebastian gesehen, dass einer der mit ihm kickenden Geflüchteten keine Schuhe trägt? Hat er die Beamten oben an der Brücke stehen sehen? Haben diese Beamten Kinder? Wollen sie sich am Ende wie Sebastian mit diesen Jungs hier wirklich auseinandersetzen?

Leo gibt mir ein Zeichen, mit ihm ins Camp zu gehen. Er und Sebastian erzählen mir von ihrem letzten Besuch und ich mache sie mit Eli und meinen anderen Freunden hier bekannt. Wir gehen an den freiwilligen Helfern vorbei und versuchen ein Interview zu bekommen. Die Leute von der medizinischen Abteilung im Camp betreuen die Geflüchteten, soweit sie können. Sie machen wichtige und ernste Arbeit, die viel Zeit kostet. Deswegen reagieren sie ein wenig genervt, als wir sie wie andere Reporter auch um ein paar Statements bitten.

Ich hatte keine Vorstellung davon gehabt, wie vielen Journalisten ich hier in Calais begegnen würde. In den letzten Tagen habe ich Presseteams aus Brasilien, Japan, Korea, Kanada, Schweden, Italien, Griechenland, Tschechien und Irland kennengelernt. Da kann man die Leute gut verstehen, wenn sie es leid sind, wie Tiere im Zoo fotografiert zu werden.

Manche der Fotografen und Kameramänner haben einfach ihr Equipment ausgepackt und sind filmend und fotografierend durchs Camp gelaufen. Bei einem englischen Journalisten ist das wörtlich ins Auge gegangen. Die Polizeibeamten, die oben am Zaun in Richtung Autobahn stehen, sind nur zur Sicherung der Autobahn da. Die greifen nicht ein, wenn ganz hinten am Horizont mal ein Journalist was auf die Fresse bekommt. In den meisten Fällen ist er auch selber daran schuld.

In manchen Situationen greifen die Polizisten aber durchaus ein.

Es gibt ein Codewort im Camp. »Dugar«. Ein Dugar ist eine Gelegenheit, – konkret ist damit die Gelegenheit gemeint, in oder auf einem LKW nach Großbritannien zu kommen. Diesen Code benutzen Geflüchtete im Dschungel, wenn an der neben dem Camp liegenden Autobahn ein Stau entsteht. Dann rennen sofort alle hoch, um irgendwie an die LKWs heranzukommen. Genau wie jetzt gerade. Das ist immer eine unglaubliche Szene. Die beiden Polizisten, die eben noch so herrisch am Zugang zur Autobahn gestanden haben, sind auf einmal so unbedeutend und so klein im Vergleich zu dem Sheriff, den sie vor einer Minute noch markiert haben.

Hunderte Geflüchtete rennen nun im Camp an mir vorbei. »Dugar, Dugar!«, rufen sie voller Hoffnung. Dies real mitzuerleben, ist unbeschreiblich. Ein bisschen so wie früher im Fußballstadion, als die Polizei immer hinter uns herlief. Nur das hier ist kein Spiel. Menschen sind bereit, ihr Leben für eine Einreise nach Großbritannien zu riskieren. Es sind schon einige im Inneren der LKW-Laderäume erstickt. Sie rennen und rufen »Dugar, Dugar!«: Ein Stau auf der Autobahn. Sie lassen alles stehen und liegen, um in einem der LKWs auf die ersehnte Insel zu kommen.

Sebastian zieht mich aus meinem kleinen Nirvana heraus und ruft, ich solle ihm folgen. Wir rennen zusammen mit den Geflüchteten die Anhöhe zur Autobahn hinauf. Es sind sicher schon einhundert LKWs im Stau. Die LKW-Fahrer sind hilflos. Jeder LKW wird aufgemacht. Die Geflüchteten sehen zuerst auf den Lieferschein, der auf den Gütern im Inneren der Ladefläche hängt. Wenn UK draufsteht, klettert der erste hinein.

Der Ernst der Lage verbietet uns, das Miterlebte zu filmen; jetzt keine Spielchen auf dem Rücken der Geflüchteten. Wir packen unsere

Kameras weg und entscheiden uns wortlos dafür, den Menschen in die Laderäume zu helfen. Unter ihnen sind auch zahlreiche Kinder und Frauen.

Plötzlich wird alles ganz still. Was ist da vorne los? Wir laufen zum Anfang des Staus. Dort stehen Hunderte von Geflüchteten etwa hundert Grenzpolizisten gegenüber. Gendarmerie. Die Geflüchteten rufen immer wieder den Slogan.

»I am not animal!«

Die Beamten stehen regungslos da und lassen die Geflüchteten eine halbe Stunde dort auf der Autobahn demonstrieren. Der Stau wird immer länger, und das auf beiden Seiten. So gehe ich im Stau zurück, um ein paar der Fahrer zu interviewen.

Ganz hinten erzählt mir ein englischer Motorradfahrer, dass er es an ihrer Stelle genauso machen würde. Er fahre wöchentlich an der Autobahn entlang und sehe immer wieder das Camp, das sich mit der Zeit wie ein Dschungel ausgebreitet habe. So solle kein Mensch leben müssen, meint er.

In diesem Dschungel leben keine wilden Tiere. Hier leben Menschen. Menschen, die genauso ein Recht auf Freiheit und ein sicheres

Leben haben wie jeder andere auch. Die einfach nur nicht das Glück gehabt haben, in einem wohlhabenden Land geboren zu sein.

Vom Anfang der Schlange ist nun immer lauter die Stimme einer Frau zu hören. Ich unterbreche mein Gespräch mit dem Biker, um zurück zur Demonstration zu gelangen. Vorne angekommen, bestätigt sich meine Vermutung. Gleich wird Unrecht geschehen.

Die Polizei ist dabei, Gasflaschen gut durchzuschütteln, um die Demonstrierenden damit zu bedienen. Es sind mittlerweile nicht nur Beamte und Geflüchtete auf der Bahn. Auch eine Menge Journalisten und Kameras sind dort. Ein paar von den freiwilligen Helfern haben sich ebenfalls auf die Autobahn getraut.

Zwei Jungen fahren auf Fahrrädern an mir vorbei. In ihrer Heimat ist es wahrscheinlich nicht verboten, auf der Autobahn Fahrrad zu fahren. Durch das Funkgerät eines Beamten neben mir höre ich eine letzte Warnung an die Menschen hier. Dann geht es los. Die Beamten formieren sich und gehen wie römische Legionäre abwechselnd zwischen Schritt und einem Trommelschlag auf ihr Schild vorwärts in Richtung der Demo. Plötzlich geht alles sehr schnell. Sie fangen einfach an, in die Menge zu schlagen. Sie schlagen auch mich. Denn ich vergesse die ganze Zeit, dass man mich wegen meines Aussehens zu den Geflüchteten zählt.

Ein Beamter sprüht ordentlich Gas in die Menge. Es wird laut. Die Situation gerät außer Kontrolle. Die Polizei greift immer härter durch. Ein Geflüchteter legt sich einfach auf den Boden. Er hat zu viel Gas abbekommen. Vor meinen Augen wird er heftig an seiner Kleidung in Richtung Böschung gezerrt und dort heruntergestoßen. Ich spüre, wie die Wut in mir aufsteigt. Eigentlich wollte ich nicht wieder in den Pulk hinein. Ich habe heute kein Verlangen nach Schlägen. Aber nach dieser Szene hat der rote Teufel auf meiner Schulter gewonnen.

Ich gehe von der Autobahn runter, um wieder von hinten an die Geflüchteten zu gelangen. Dort stehen achtundneunzig hell- und zwei dunkelhäutige Beamte. Einer der dunkelhäutigen Beamten schlägt auf die vor ihm stehenden Afrikaner ein.

Ich versuche ihn zur Rede zu stellen. Keine Chance. Er will mich des Platzes verweisen. Ich mustere ihn. Er ist mindestens einsneunzig groß und sieht sehr gepflegt aus. Sein Bart und seine Haare sind fein gestutzt. Die Menschen, denen er die ganze Zeit mit seinem Knüppel auf die Köpfe und in die Rippen schlägt, würden sicherlich auch gerne so aussehen wie er. Das versuche ich ihm zu sagen. Mehr nicht. Ich schreie ihm entgegen.

»These are your own people. Stop beating them!«

Jetzt hört er auf zu schlagen und dreht sich zu mir herum. Der erste Hieb gilt meinem Handy. Ich hatte versucht, ihn beim Schlagen zu filmen. Den zweiten Hieb bekomme ich auf meine linke Hand. Und den dritten spüre ich schon bald im Bauch.

Das ist nicht so schlimm. Ich kann das ab. Die anderen haben viel mehr einstecken müssen. Ich denke an meinen Personalausweis. In einer Situation wie dieser ist er plötzlich völlig überflüssig.

Unten an der Autobahnbrücke zum Camp läuft Victoria, eine Helferin aus dem Camp, an mir vorbei. Weinend hält sie sich die Hände vors Gesicht. Einer der Beamten hat sie mit dem Gas erwischt, die Hamburger Jungs und die anderen Helfer wurden ebenso nicht verschont. Die Polizisten haben keine Augen mehr für Menschen; sie machen nur noch, was ihnen gesagt wird.

Victoria erzählt mir auf dem Weg runter von der Böschung, dass sie aus England ist und ein paar Tage frei hat. Sie wollte einfach herkommen und irgendetwas Sinnvolles für die Geflüchteten tun. Das Gas nehme sie gerne in Kauf, solange es dafür einen der Geflüchteten verschont. Victoria ist Tattoo-Künstlerin aus einer kleinen Stadt an der englischen Südküste. Als ich über ihre Erzählungen lache, sieht sie mich ein wenig traurig an. Ich wische ihr die Tränen aus dem Gesicht und nehme sie in den Arm.

Plötzlich kommt Sebastian auf mich zu. Er geht sehr langsam. Das kenne ich nicht von ihm. Sein Gesicht ist leicht geschwollen. Ich habe ihn vorhin in der Nähe des Gases gesehen. Er war die ganze Zeit bei irgendwelchen Schwächeren und hat versucht, sie zu schützen. Sebastian ist in der kurzen Zeit, in der wir hier waren, eigentlich nur im Interesse der Geflüchteten unterwegs gewesen. Jetzt braucht er selber Hilfe. Es ist unheimlich, ihn so zu sehen. Um ihm zu helfen, will ich mich aufrichten. Aber er lässt es nicht zu. Traurig setzt er sich neben mich und bricht in Tränen aus.

»Das ist ungerecht. Das hat er nicht verdient«, sagt einer der Geflüchteten, die sich unten an der Brücke nach und nach um uns herum versammeln. Er hatte Sebastian da oben gesehen. Er geht auf ihn zu, um ihm die Hand zu reichen. Nun kommen immer mehr Geflüchtete, um sich neben uns auf den Boden zu setzen.

Die Dinge, die sie in den darauffolgenden Minuten über Sebastian sagen, sagt man eigentlich nur über Engel. – Eigentlich ist das eben eine sehr hässliche Szene gewesen. Doch das, was hier gerade zwischen zwei Dutzend Menschen geschieht, ist pure Freundschaft. Und Freundschaft ist durch nichts einzuschränken und somit auch niemals hässlich. Ich fühle mich total sicher zwischen all diesen Menschen. Jetzt sind wir alle gleich.

An dieser Stelle denke ich wieder an meine Freunde, die mir von dieser Reise abgeraten haben. Ich bin sehr glücklich darüber, nicht einen Moment an meinem Vorhaben gezweifelt zu haben. Hier wächst mein Verständnis in jeder Minute.

Sebastian kenne ich noch nicht einmal vierundzwanzig Stunden. Aber ich fühle mich ihm jetzt schon näher als anderen nach vierundzwanzig Jahren. Bei ihm bin ich mir sicher, dass er ein Freund ist.

Leo und Jarek kommen zu uns und erzählen, dass wirklich keiner vom Gas verschont geblieben ist. Wir haben Aufnahmen der Beamten, wie sie die Menschen eingedieselt haben. Wir werden sie in unserem Dokumentarfilm ebenfalls nicht verschonen, wenn es um die Wahrheitsfindung geht. Das war Polizeigewalt. Wir gehen wieder weiter durchs Camp. Ein paar der Geflüchteten begleiten uns. Sie geben uns das Gefühl, ihre Gäste und somit willkommen zu sein. Durch die Ereignisse auf der Autobahn erkennen uns viele der Einwohner des Camps als ihre Freunde an, nicht bloß als Journalisten, die auf ein reißerisches Foto aus sind. Mit dieser Kraft gehen wir zu den Afghanen.

Die Afghanen, sagt man uns, lassen sich nicht fotografieren. Von niemandem. Die haben sich dort ein richtiges Restaurant aufgebaut. Das ist zwar wie alle anderen Bauten hier aus Holz und Planen zusammengeflickt, aber auf den Geschmack und den Duft ihrer Gerichte hat das keine Auswirkung. Wir betreten das Restaurant, verführt vom Aroma der persischen Küche und wild darauf, ein landestypisches Gericht zu kosten. Jarek gibt das Essen aus. Für ein komplettes Menü mit Fleisch, Reis, Salat und Getränk macht das schlappe vier Euro pro Person. In Deutschland würde eine solche Gaumenfreude sehr viel mehr kosten.

Während wir auf das Essen warten, gehen wir immer mehr mit dem Betreiber des Restaurants auf Tuchfühlung. Er erklärt uns, dass er keine Interviews gebe, weil seine Leute in den Medien ständig falsch dargestellt würden. Jarek bittet ihn, genau dies in die Kamera zu sagen. Ali, so heißt der Betreiber, der in seiner Heimat übrigens Ingenieur für irgendetwas war, willigt ein.

Nun dürfen wir die Afghanen fotografieren und aufnehmen. Während Ali das Essen für uns zubereitet, erklärt er uns die Situation seiner Leute. Unsere Haltung gibt ihm immer mehr Vertrauen. Nach dem Essen kommt er auf uns zu und lädt uns ein, in einer Stunde zu einem von seinen Leuten ausgerichteten Fest zu kommen, um dort ein paar Bilder zu machen. Mit einer afghanischen Fahne in der Hand tanzen eine Stunde später etwa hundertfünfzig Menschen vor dem Restaurant im Kreis. Den Tanz kenne ich aus Deutschland von meinen afghanischen Freunden. Doch noch niemals zuvor habe ich Menschen unter solch bedrückenden Lebensumständen so frei tanzen sehen. Ich werde diesen Augenblick nicht vergessen.

Von den ungefähr zweihundert Fotos, die ich mache, ist jedes ein Volltreffer.

Eine Sache habe ich im Dschungel besonders gerne gelernt. Normalerweise legt man im Leben 95 Prozent der Menschen, die man kennenlernt, nach ein paar Monaten wieder ab, weil sie nicht wirklich zu einem passen. Im Camp ist das nicht so. Hier spart man sich diese Kennenlernphase. Ich habe dort nicht eine einzige menschliche Enttäuschung erlebt. Die besten Menschen aber, die ich dort kennenlernen durfte, sind die freiwilligen Helfer, die auf eigene Initiative dorthin gelangt sind.

Victoria ist eine junge Studentin mit tollen roten Haaren. Sie kommt aus dem Saarland. Um ihren Masterstudiengang in Architektur zu beenden, studiert sie an der Delfter Uni in Belgien. Victoria hat eine Art Ofen konzipiert. Dieser besteht aus einer großen und einer kleinen Gemüsebüchse. Die kleine Büchse ist wie eine Art Schornstein für den Rauch in die große Büchse hineingesteckt. Darin können die Geflüchteten Holz verbrennen, wenn es im Winter kalt wird. Kochen kann man damit auch. So was find ich Klasse. Victoria hat nicht viel Geld, um zu helfen. Aber sie hat eine wirklich sinnvolle Idee umgesetzt.

Hagen ist, glaube ich, aus Brüssel gekommen – mit dem Fahrrad. Als er nach Calais aufgebrochen war, hatte er noch keinen bestimmten Plan gehabt. Er wollte die Berichte im Fernsehen nicht tatenlos mitansehen. Nun macht er sich vor Ort nützlich, wo er kann. Hagen ist gekommen, um Müll aufzusammeln und in den Container zu stecken.

Drew ist Engländer, ein Lehrer aus London. In seinen freien Tagen kommt er ins Camp, um den Geflüchteten die englische Sprache beizubringen. In einem kurzen Interview versuche ich Drew ein Statement zu David Cameron oder den Polizeibeamten abzugewinnen. Doch er bleibt sehr sachlich und beschränkt sich beim Reden auf die Angelegenheiten, auf die er selbst Einfluss hat.

Bill ist ebenfalls Engländer, er hat Biophysik studiert. Bill bringt Menschen im Camp mit Menschen draußen in Verbindung. Momentan versucht er, Universitäten für die Sache der Geflüchteten zusammenzuführen.

Es gibt noch viele andere hier im Camp, die freiwillig helfen. Die meisten von ihnen kommen irgendwo aus Europa hierher, ohne über große finanzielle Mittel zu verfügen. Irgendwie kommen sie alle klar. Einige Bürger der regulären Stadt Calais unterstützen die Ehrenamtlichen ein bisschen, indem sie ihnen Couchsurfing oder Ähnliches anbieten.

Mich erinnert das ein wenig an die Punker aus meiner Jugend. Die haben auch immer alles geschafft, ohne Kohle zu haben. Und die Punker waren damals auch immer gut zu uns.

Ab jetzt will ich nur noch Freunde wie Victoria, Drew und Bill haben. Solche Menschen lassen dich niemals im Stich. Die denken immer an andere, bevor sie an sich selbst denken. Solche Leute lernt man nur an Orten wie diesem verfluchten Camp hier kennen.

Tag 7 Die Kinder des Dschungels

»I am not animal! I am not animal!« – Die Worte der eritreischen Demonstrantin gestern auf der Autobahn gehen mir bis zum folgenden Morgen nicht aus dem Kopf. Selbst beim Frühstück beeinflussen diese Erlebnisse meine Gedanken. Natürlich ist diese Frau kein Tier. Doch die Lage und die Handhabung der Menschen dort im Camp lässt ihre Aussage schnell einen Sinn bekommen.

Die Menschen im Camp werden so lange sich selbst überlassen, bis sie sich bereiterklären, Fingerabdrücke bei den Behörden abzugeben. Und wenn sie das tun, müssen sie in dem Land bleiben, in dem sie dies getan haben. In Frankreich kann ein Asylverfahren bis zu achtzehn Monate dauern. Für einen Mann, der seine Familie in einem Kriegsgebiet zurücklassen musste, ist jeder Tag eine unerträgliche Last, die er so schnell wie möglich ablegen will. Das erklärt mir Munir, ein Sudanese, der in seiner Heimat in Darfur zwei Kinder und eine Frau hat.

Munir sieht so freundlich aus, während er das sagt, ganz im Gegensatz zu mir. Denn ich muss an all die Bilder von Darfur denken, die ich aus dem Fernsehen kenne. Wenn ich meine Familie dort hätte, dann wäre ich sicher nicht so gefasst wie Munir. Ich würde vor Sorge um sie sterben. Das tut Munir wahrscheinlich auch gerade, während er mir seine Lage schildert. Seine Augen haben sich leicht mit Tränen gefüllt, als es um die Kinder geht. Und ich wünschte, es gäbe etwas, das ich für Munir tun könnte, um ihm zu helfen. Aber ich kann nicht. Also bleibt mir nur, ihn ganz fest und innig zu umarmen und ihm alles Gute zu wünschen. Danach begleite ich Munir noch ein wenig durchs Camp. Sein ›Zuhause‹ hier ist ein Zelt in den Dünen.

Ich erinnere mich jetzt an den unsinnigen Vorwurf einiger Menschen in den sozialen Netzwerken, die Geflüchteten wären feige, weil sie ihre Frauen und Kinder nicht mitgebracht hätten. Diese Frage will ich komplett aus künftigen Diskussionen gestrichen wissen. Wer kann ernsthaft behaupten, es wäre ein Hinweis auf Feigheit, wenn ein Mann seine Frau und seine Kinder nicht noch mehr gefährden will und lieber zu Hause lässt, als sie auf dem Weg durch das gefährliche Libyen oder über das mittlerweile zu einem Massengrab mutierte Mittelmeer in ernste Gefahr zu bringen.

Munir zieht seine Schuhe aus, als er ins Zelt hineingeht. Dabei bemerke ich seine Schuhe. Sie sind fast durchgelaufen. Der Weg zum Zug … Mit jedem Satz, den Munir spricht, wird mein Hals ein wenig enger. Munir hat nur eine einzige Lage Kleidung. Das heißt, dass er nur das besitzt, was er am Körper trägt. Seine Hose und seine Jacke sind von den zahlreichen Versuchen, die Gleise am Nato-Zaun zu erreichen, zerrissen. Als ich dies wahrnehme, überkommt mich ein erniedrigendes Gefühl von Scham und Reue. Ich ziehe meine Jacke aus und reiche sie Munir. Er darf sie bitte nicht ablehnen. Munir nimmt die Jacke bescheiden und dankbar an. Es ist unglaublich, dass diese Menschen selbst in einer solchen Situation nicht schlecht denken oder handeln. Welcher Europäer würde in einer solch prekären Lage noch so viel Würde ausstrahlen? Ich selbst kenne keinen.

Wer aus dem Camp in Calais wieder nach Hause kommt und noch seine Schuhe anhat, der hat nicht genug gegeben.

Als ich danach durch die Dünen trotte, um mich ein wenig zu besinnen, habe ich nur noch einen einzigen Gedanken: Ich muss das, was hier geschieht, veröffentlichen. Es muss an die Öffentlichkeit kommen, was die Menschen hier auf ihren geschundenen Herzen tragen. Meine Freunde, meine Nachbarn, mein komplettes Umfeld soll erfahren, dass es solch einen ungerechten Ort ganz in der Nähe von uns gibt. Wir müssen etwas machen. Wer Unrecht duldet, ohne sich dagegen zu wehren, macht sich mitschuldig, wusste schon Mahatma Gandhi – und tat etwas dagegen.

Ich entschließe mich, mit allen Menschen im Camp zu reden. Groß, klein, stark, schwach, jung, alt – sie alle sollen jetzt durch meine Feder zur Welt sprechen. Keiner, den ich kenne, soll die Möglichkeit haben zu sagen, er oder sie hätte nicht gewusst, wie schlimm es ist, was diese Menschen durchlebt haben und noch immer durchleben. Mir ist klar, dass ich bei diesen Interviews Federn lassen werde, aber das ist mir egal. Wer Menschen mit Schicksalen wie das von Munir etwas Freude bereitet, der kann guten Gewissens sagen, dass es sich gelohnt hat, hier in dieses Lager zu kommen.

Bei den sanitären Anlagen treffe ich auf die Hamburger Jungs. Sie haben zwei kleine Mädchen und einen kleinen Jungen angehalten und die Erlaubnis für ein Interview bekommen. Die Kinder können nur Arabisch. Also komme ich genau richtig, um das Interview für sie zu führen. Es fängt lustig und fröhlich an. Sebastian verteilt Süßigkeiten an die Kinder und tollt mit ihnen umher. Leo stellt sich in Position, um das Gespräch zwischen mir und Abdelrahman aufzuzeichnen.

In einem kurzen Gespräch finde ich heraus, dass Abdelrahman zehn Jahre alt ist und aus Darfur kommt. Souverän wie ein Erwachsener erzählt er mir von sich und seiner Familie. Er ist erst seit zwei Tagen im Camp. Und sie haben noch immer keinen Schlafplatz. Neu Angekommene müssen sich mit einer Behelfsunterkunft in der Nähe der freiwilligen Helfer begnügen. Dort sind Männer nicht von Frauen getrennt. Und es riecht sehr schlecht da drinnen. Es gibt nur eine Option, woanders zu schlafen: unter freiem Himmel …

Abdelrahman redet sehr frei und selbstbewusst in die Kamera hinein. Das kenne ich irgendwoher: Niroz. Ich muss an ihr Domeez-Camp in Kurdistan denken. Abdelrahman und Niroz sind zwei Menschen, die überhaupt niemandem etwas getan haben; trotzdem leben sie in solch unwürdigen Verhältnissen. Und sie haben beide Wünsche, die in meiner Welt, in Europa, ganz normal sind. Das Mädchen will eine Schule besuchen. Und was der Junge will, sagt er gleich selbst.

»Zu meinem Vater kann ich dich gerne führen. Er ist da hinten auf der Suche nach Material, um uns eine Hütte zu bauen. Meine Mutter ist leider tot.«

Ich merke, wie das Getuschel der deutschsprachigen Zuhörer des Interviews im Hintergrund verstummt. Sie haben zwar nicht verstanden, was der Junge eben gesagt hat. Aber sie sehen, dass es irgendetwas Erschütterndes gewesen sein muss, weil ich gerade mit den Tränen ringe. Ich darf nicht zulassen, dass der kleine Junge mich so traurig sieht. Nichts darf ihn unnötig an sein schlimmes Schicksal erinnern. Deswegen versuche ich, ihn auf ein anderes Thema zu lenken. Ich erzähle ihm, dass ich aus Deutschland bin und dass ich bald wiederkommen werde. Was ich ihm denn dann aus Deutschland mitbringen solle. Einen Fußball, Spielzeug, Schokolade? Abdelrahman beißt wieder in den Apfel, den Sebastian ihm zugeworfen hat und zuckt mit den Schultern.

»Es wäre sehr nett von dir, wenn du mir Kleidung aus Deutschland mitbringen könntest. Ich besitze nur die Sachen, die ich jetzt anhabe.«

Das ist schon wieder zu viel für mich. Der kleine Junge, der hier gerade vor mir steht, ist noch immer ganz locker. Ich nicht. Ich will einfach nur noch, dass Leo aufhört zu filmen. Nur ganz kurz, dann kann ich eben schnell in den Dünen verschwinden. Charles Dickens hat mal geschrieben:

»Kinder erleben nichts so scharf und bitter wie Ungerechtigkeit.«

Abdelrahman hat sich auf seiner langen Reise aus dem Sudan vierundzwanzig Stunden lang gerade machen müssen, um sich dann hier in diesem Slum mitten im reichen Europa in einem mehr als dürftigen Zuhause wiederzufinden. Das ist nicht fair.

Neben uns steht noch ein kleines Mädchen, das mich die ganze Zeit verblüfft ansieht. Ihre Hautfarbe ist ganz schwarz. Abdelrahmans Leute haben sie irgendwie mit hierher gebracht. Kann es sein, dass sich diese Leute, die gar nichts haben, selbst noch um andere kümmern, die noch weniger haben?

Ich weiß nicht, ob ich es über mich bringe, herauszufinden, was in der Vergangenheit dieser kleinen nubischen Prinzessin passiert ist. Gut, dass Sebastian da ist. Er drängelt ein bisschen, dass wir weitergehen müssten, noch an der Kirche zu tun hätten. Also brauchen wir nicht weiter reden und können die Szene ohne weitere emotionale Zusammenbrüche verlassen.

Leo hat alles mitbekommen. Und er hat eine Idee: Er schlägt mir vor, mal etwas anderes als diese traurigen und demotivierenden Geschichten zu suchen. Um die Ecke gebe es eine Art Sensation im Camp, die aber noch kein Außenstehender wirklich kennengelernt habe, weil der Urheber dieser Sensation keine Interviews gibt. Es ist tatsächlich eine Sensation.

Zwischen all den Dünen steht im weißen Sand ein zweistöckiges Haus, das an ein Feriendomizil an der spanischen Costa Brava erinnert. Es hat sogar eine Veranda mit Meerblick. Und das Ganze mitten im Dschungel. Wer hat das gebaut? Und wie kam es dazu? Das Ding ist der blanke Hohn, wie es da so schön und prächtig inmitten all dieser Müllhalden steht.

Ich gehe direkt zum Haus und klopfe auf die hölzernen Latten, um mich anzukündigen. Der Bewohner kann auf jeden Fall Arabisch, denn das Haus befindet sich im sudanesischen Viertel. »Wa alaikum as Salam«, ertönt eine Stimme aus der zweiten Etage des Hauses. Ich stelle mich als Hammed aus Deutschland vor und frage, ob ich kurz reinkommen kann. Das Fenster geht auf und ein junger farbiger Mann mit Rastazöpfen lächelt mich mit einladender Hand nach oben zu sich in sein Heim.

Amjad, so heißt er, ist dreißig Jahre alt und Libyer. Bevor der Krieg in seiner Heimat begann, war es ihm sehr gut dort gegangen. Er hatte in Benghasi als Schmied gearbeitet und nie mit irgendetwas Probleme gehabt. Bis der Krieg kam. Während Amjad mir aus seiner Vergangenheit erzählt, wirkt er gelassen. Er spricht sehr cool und höflich. Amjad ist ein gutaussehender Mann. Hier in Deutschland würde er sicher rasch eine Partnerin finden, um zu heiraten und eine Aufenthaltsgenehmigung zu bekommen. Das deute ich ihm nach einer Viertelstunde lächelnd an. Amjad winkt freundlich, aber bestimmt ab und bringt mir bei, dass Geflüchtete nicht so denken wie Europäer. Sie haben ganz andere Wünsche. Bildung, Wasser, Strom, Respekt, Menschenwürde – Dinge und Werte, die wir teils gar nicht mehr zu schätzen wissen, weil sie bei uns so selbstverständlich sind. Zum Glück nimmt er mir meine kleine Entgleisung nicht übel.

Auf einem Gaskocher macht uns Amjad einen Tee. Im Hintergrund läuft über einen Bluetooth-Lautsprecher ein Reggae-Song nach dem anderen. Amjad lacht viel über mich, weil er immer wieder meine Verblüffung wahrnimmt. Für ihn ist all dies hier normal. Das verblüfft mich noch mehr.

Dieser Mann hat mit seinen eigenen Händen ein Haus von zwei Etagen aus Holzpaletten gebaut. Und das in vierundzwanzig Tagen. Das Haus hat eine Treppe zum oberen Bereich und eine Küche mit einer richtigen Spüle im unteren Bereich. Bauliche Highlights sind eine Schiebetür und ein nach vorne hin eingelassenes Fenster im oben liegenden Wohnbereich.

»Wenn ich richtiges Werkzeug und einen Wagen zum Holztransport gehabt hätte, hätte ich es auch in fünf Tagen geschafft.«

Als ich mich umdrehe, sehe ich, dass Amjad sogar eine Lampe angebracht hat. Eine richtige Lampe, die über ein Kabel aus einer alten Autobatterie versorgt wird. Amjad ist ein richtig toller Typ. Ich wünsche ihm alles Gute. Aber das ist nicht alles. Mein Vorhaben, wieder hierherzukommen, ist nun so gut wie besiegelt.

Amjad wird von mir einen guten deutschen Werkzeugkoffer bekommen. Irgendwer, den ich kenne, hat solch einen in der Garage rumliegen, da bin ich mir ganz sicher. Dann kann er vielleicht für die anderen Menschen im Camp ein Haus bauen. Dann müssen kleine

Kinder wie Abdulrahman nicht mehr mit fremden Menschen in einem Verschlag, der aus einer Plastikplane und ein wenig Holz besteht, nächtigen.

Ich werde Amjads Werk meinen Freunden zeigen. Vielleicht hat jemand eine Idee, wie man dort eine kleine Siedlung für die Menschen bauen kann. Vicky, die Helferin aus dem Saarland, ist schließlich Architektin. Sie bietet auch gleich an, das Ganze zu konzipieren.

Für diesen Tag habe ich genug. Ich suche die anderen im Camp. Sie sind immer vorne bei den Afghanen. Da geht das meiste ab, weil die Afghanen Läden und Lokale haben. Eigentlich rauche ich nicht. Aber heute war es sehr anstrengend, hier zu sein. Ich muss eine rauchen, dann geht es mir wieder besser.

Vorne am afghanischen Restaurant kaufe ich mir bei einem pakistanischen Spätshop Zigaretten. Die Schachtel sieht aber ein wenig anders aus. In den Kiosken stopfen Pakistaner zu dritt Zigaretten. Die haben da so große XXXXL-Eimer mit Tabak und wickeln Zigaretten zu einem Preis von zehn Cent pro Stück in eine Alufolie. Ich kaufe zehn Stück und setze mich auf einen Stein, um zu rauchen.

Jarek und die anderen erscheinen am anderen Ende der Straße in ihrem PKW. Der ist schon wieder mit Patienten gefüllt, die Sebastian

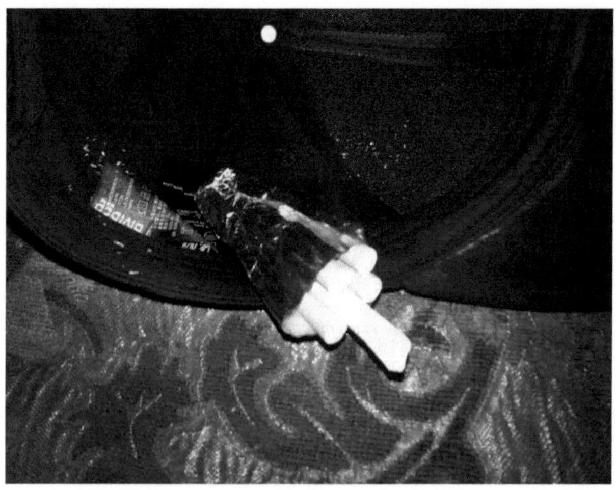

unentwegt zum Krankenhaus hin- und herfährt. Die Gesichter der Jungs verraten, dass auch sie heute viele heftige Geschichten erlebt haben. Aber sie tun Gutes. Gutes zu tun, das ist niemals umsonst. Wie sollen all die Geflüchteten den fünf bis sieben Kilometer langen Weg in die Krankenhäuser schaffen, wenn sie wie viele von ihnen gebrochene Beine haben, weil sie vom Zug gefallen sind?

Als ich auf dem Heimweg meinen Kopf gegen die Stütze der Rückbank im Auto fallenlasse, flüstert Jarek mir ins Ohr.

»Wir fahren da gleich wieder hin. Ich habe noch nicht genug. Heute passiert etwas Heftiges. Das spüre ich.«

Ich spüre das auch. Also bin ich dabei, was auch immer heute noch kommen wird. Und Jarek hat diesen Satz wirklich nicht grundlos gesagt.

Tag 8 Ein Kreuz steht in Flammen

In einem Imbiss in der Calaiser Innenstadt sitzen wir und essen Kebab-Sandwiches. Dort bemerke ich immer wieder vorbeikommende Gruppen von Geflüchteten. Alle gehen in eine Richtung. Zum Zug. Zum Tod. Zur Freiheit. Zu einem neuen Leben. Ich bekomme ein schlechtes Gewissen, hier im Imbiss zu sitzen und zu essen, während all diese Menschen, wahrscheinlich mit leerem Magen, ihrem Schicksal entgegengehen.

Geflüchtete dürfen übrigens nicht in jedes Restaurant in Calais. Das hat mir ein Wirt gestern gesteckt, als er mich beim Eintritt in sein Lokal abweisen wollte. Bis er meine Kamera entdeckte, hielt er mich für einen Geflüchteten. Das gab gleich Streit. Nachdem ich eine heftige Beleidigung losgeworden war, versuchte er mir zu erklären, dass es schlecht fürs Geschäft sei, Flüchtlinge in seinem Lokal zu haben. Die übliche Kundschaft bliebe dann aus. Ich solle auch versuchen, seinen Standpunkt zu verstehen und nicht sofort beleidigend werden. Das kann ich aber nicht, denn mir vergeht der Appetit bei dem Gedanken an diesen Hund. Also lege ich mein Sandwich auf den Tisch und warte, dass wir weiterfahren können.

Zurück im Auto fahre ich mit den Jungs am Calaiser Rathaus vorbei. An seiner Fassade sehe ich die französische Trikolore in all ihrer Pracht in der Brise des Meeres wehen. Das erinnert mich an meinen Französischunterricht in der siebten Klasse, in dem man uns die Symbolhaftigkeit ihrer drei Farben lehrte, die für Freiheit, Gleichheit und Brüderlichkeit stehen. Das fand ich damals sehr berührend.

Ein tolles Motto für ein Land, das so multikulturell ist wie Frankreich. Doch warum gilt es nicht für die Menschen vom Dschungel? Ist der Dschungel denn kein Teil von Frankreich?

Ich habe eine Idee. Wenn ich wieder in Berlin bin, werde ich zu meinen Freunden aus der Punkszene gehen. Ich werde sie bitten, mit mir nach Calais zu kommen, um die Tricolore am Rathaus der Stadt auf Halbmast zu hissen. Jeder wird wissen, was damit gemeint ist. Oder besser noch: Wir ergänzen die Fahne um einen Trauerflor für all die Menschen, die durch das Fehlen von Freiheit, Gleichheit und Brüderlichkeit ums Leben gekommen sind.

Zwei Stunden und einen nachgeholten Mittagsschlaf später klingelt mein Handy. Jarek, der Filmregisseur, ist dran.

»Wir sind unten vorm Hostel, komm!«

Weiß er etwas, das ich nicht weiß? Egal, Schuhe an und los. Es dämmert schon, als wir den Haupteingang des Camps unter der Brücke zum Dschungel erreichen. Im Camp ist viel mehr los als heute Nachmittag. Die freiwilligen Helfer sind weg. Vor den Läden wurden mit Benzin betriebene Stromgeneratoren in Betrieb gesetzt. Die sind recht laut. Aber genau dies macht die Szene jetzt so brutal real und irgendwie attraktiv. Ich kenne so etwas aus dem Fernsehen, etwa wenn ich *Weltspiegel* gucke. Aber jetzt ist alles direkt hier, greifbar und direkt vor meiner Nase. An jedem dieser Generatoren laden circa zwanzig bis dreißig Menschen ihr Handy auf und hören dabei über einen riesigen Lautsprecher Musik aus ihrer Heimat.

Leo und Basti sind noch am Auto. Sie haben am Eingang Freunde getroffen und unterhalten sich. Wie fatal das für ihr Filmprojekt ist, wird sich gleich herausstellen. Nachdem Jarek und ich durch das afghanische Viertel gelaufen sind, bemerken wir eine Ansammlung von etwa hundert Personen in der Nähe der Plastikkirche. Gewalt liegt in der Luft. Es sieht nach einer riesigen Schlägerei aus. Wir beeilen uns.

Am Eingang zum Vorhof der Kirche erblicken wir Unbeschreibliches. Der komplette Innenhof ist mit Menschen gefüllt. Draußen stehen noch einmal um die hundert Männer und Frauen. Drei Männer und drei Frauen aus der Habasch-Gemeinde laufen vor dem Eingang mit einem brennenden Strohbesen um ein circa zweieinhalb Meter hohes Kreuz herum. Sie signalisieren singend, dass sie es gleich in Brand setzen werden.

Ich erstarre; meine Gänsehaut versetzt meine Wahrnehmung in Zeitlupe. Jarek schaut mir fassungslos in die Augen. Wer nicht dabei ist, kann es sich nicht vorstellen. Noch ein oder zwei Runden um das Kreuz, dann geht es in Flammen auf. Was tun sie da nur? Plötzlich steht Eli, der Priester, vor mir.

»Filmt bitte! Filmt, so lange und was ihr wollt. Wir haben euch beobachtet. Ihr seid gute Menschen. Ihr habt jedem geholfen.«

– Danke, Basti. Weil du die Menschen pausenlos zwischen Krankenhaus und Camp hin- und hergefahren hast, dürfen wir jetzt filmen, während du selbst nicht nicht einmal dabei sein kannst! – Jarek senkt seinen Kopf. Er weiß genau, dass er den Höhepunkt der Zeremonie verpassen wird, wenn er nun loszieht, um Leo mit der Kamera zu holen. Uns bleibt nichts anderes übrig, als die Feier mit dem Handy aufzunehmen. Ich trete näher, um mich noch stärker mit der sakralen Kraft dieses Augenblicks zu verbinden. Jarek filmt mit dem Handy. Alle singen das gleiche Lied. Sie sind glücklich. Während ich in ihre Gesichter sehe, spüre ich darin Hoffnung und Lebensmut. Was immer dieses Fest bedeuten mag: Es nimmt den Menschen den Frust und die Verzweiflung, die ich gestern an ihnen beobachtet habe und die sie mich auch haben spüren lassen.

Plötzlich geht es los. Das Kreuz fängt Feuer und geht in lodernden Flammen auf. Nicht einmal ein Derby zwischen Schalke 04 und dem BVB Dortmund kann so viel Begeisterung in Menschen auslösen. Die Szene brennt. Und die Feiernden wiederholen immer und immer wieder das gleiche Lied. Ich danke Gott, dass ich einen solchen Moment mit den Bewohnern des Dschungels teilen kann und hier bin, um mit ihnen zu tanzen und zu singen. Eine halbe Stunde geht die komplette Energie der Feiernden auf die Kirche über. Und wir spüren jede Sekunde in unserem Rückenmark. Jarek steht seine Enttäuschung ins Gesicht geschrieben. Dieser Abend wäre zweifellos ein Höhepunkt seines Films geworden.

Später erklärt man uns, dass dieses Verbrennen des Kreuzes ein urchristliches Ritual der Habasch ist. Sie nennen es »Meskel«.

Arm in Arm gehe ich mit Jarek die Wege im Dschungel zurück zum Auto. Wie recht er nur hatte, als er sagte, er habe noch nicht genug. Wahrscheinlich konnte man ein Loch im Alltag des Dschungels spüren, weil die Habasch sich alle auf den Abend vorbereitet hatten und nicht wie sonst sichtbar waren. Jedenfalls habe ich auch eine Abweichung in meinem Unterbewusstsein gespürt, als Jarek sagte, heute passiere noch was Heftiges. Wie auch immer. Am Ende zählt, dass wir dieser fremden und sakralen Feier beigewohnt haben. Jarek gibt mir recht.

Auf dem Weg nach draußen treffe ich Mima aus Eritrea. Er heißt eigentlich Salomon. Mindestens zwei Mal hat er mich schon nach Schuhen gefragt. Ich habe ein schlechtes Gewissen. Also lade ich ihn auf ein paar Bier ein. Voller Vertrauen erzählt mir der 21-Jährige seine Erlebnisse von der Reise nach Calais. Er war schon ein Dutzend Mal auf dem Zug in Richtung England. Das gefällt mir nicht. Ich erzähle ihm von Deutschland und wie gut das Leben bei uns in Berlin ist. Er findet Gefallen an meiner Vision, ihn nach Berlin zu bringen. Aber was ist, wenn man sein Asylgesuch ablehnt? Diese wichtige Frage kann ich ihm leider nicht beantworten. Dafür kann ich die Verantwortung wirklich nicht übernehmen. Wer weiß, was ihn erwartet, wenn er wieder in sein Land zurückkehren muss.

Schuhe habe ich leider keine mehr. Ich hatte nur zwei Paar dabei. Eines habe ich einem Sudanesen gegeben, weil er nur Pantoffeln trug. Das andere trage ich an meinen Füßen. Ich verspreche ihm das nächste Paar. Mima wirkt ein wenig enttäuscht. Das gefällt mir nicht. Ich habe noch nie ein Versprechen gebrochen. Und das heutige Versprechen wird nicht das erste sein, das ich breche. Da bin ich mir sicher. Das kann Mima aber nicht wissen.

Auch wenn Mima inzwischen etwas angetrunken ist, spüre ich seine Freundlichkeit und seine Ehrlichkeit, während wir über Gott und die Welt reden. Mima ist Christ und spricht Arabisch. Das fällt mir plötzlich auf, als er das Wort »Allah« benutzt. Ich begreife, dass es lediglich eine arabische Vokabel für »Gott« ist, für Gott in allen Ausprägungen. Alle Menschen dieser Erde sind gleich. Glaube als solcher unterscheidet nicht zwischen Lebewesen unterschiedlicher Hautfarbe, Rasse, sexueller Orientierung oder politischer Gesinnung. Diese Erkenntnis gefällt mir ungemein. Es ist eine Schande, dass Mima hier leben muss. Jungs wie er gehören in ein anständiges Ausbildungsverhältnis oder auf die Universität. Nicht in ein autonomes Camp, wo sie sich nachts den Arsch abfrieren, weil sie versuchen, auf irgendeinen Zug zu springen.

Etwas später kehren wir zu Basti und Leo zurück, um ihnen von unserem Erlebnis zu erzählen. Dann machen wir uns müde und erschöpft auf unseren Weg zurück ins Hostel. Zu diesem Zeitpunkt können wir noch nicht ahnen, wie viel Kraft wir brauchen werden, um den morgigen Tag im Camp zu überstehen …

Tag 9 Atem, der das Leben nimmt

Morgens beim Frühstück im Hostel fällt mir auf, dass es am Büffet nur Süßkram wie Marmelade oder Honig gibt. Da steht nicht mal Käse. Warum ist mir das vorher nicht aufgefallen? Als ich mich hinsetze, mustert mich eine Gruppe Franzosen. Warum schauen sie so? Denken sie auch, dass ich ein Flüchtling bin? Oder sehen sie mir bloß an, dass ich seit einer Woche nicht mehr schlafen kann?

Meine Nerven liegen blank. Ich gebe mein Tablett ab und verlasse das Hostel in Richtung Dschungel. Für heute ist nichts geplant. Eigentlich ist nie etwas geplant. Und wenn wir es doch mal versuchen, kommt es im Camp eh immer anders. Der Dschungel hat seine eigenen Pläne.

Die Hamburger sind heute schon ganz früh weg. Zu früh für mich. Sie haben die Einladung zu einer Messe in der Kirche wahrgenommen. Also gehe ich zu Fuß in Richtung Dschungel. Das sind sechs bis sieben Kilometer. Ich gehe durch die Innenstadt. Dort fahren manchmal Busse. Vielleicht kann ich einen Teil der Strecke in einem der Busse fahren.

Ich bemerke, dass es eine Ansammlung von Menschen am Bahnhof gibt. Eine Demonstration. Als ich näher komme, suche ich mir einen geeigneten Platz für die Kamera. Bei den Beamten zu stehen, ist mir zu unsicher. Manchmal schmeißen Demonstranten Steine auf sie. Und die Demonstranten wirken heute wirklich schlecht gelaunt. Also entscheide ich mich, mitten auf der Straße stehenzubleiben und von dort aus zu fotografieren.

Ich sehe eine junge französische Frau mit einem Plakat in der Hand. Auf ihm steht der Name »Ahmed Osman«. Das Plakat sieht aus wie eine Art Sterbeurkunde. Darauf steht, dass Ahmed ein eritreischer Jugendlicher war. Ahmed ließ sein junges Leben auf einem Güterwagen, auf den er gesprungen war. Man fand ihn auf der englischen Seite des Tunnels leblos auf.

Gefühlte einhundert Verwandte und Freunde von mir heißen Ahmed. Einer meiner besten Freunde heißt auch Ahmed. Ich muss an sie alle denken. Dieser Ahmed hatte bestimmt auch eine Familie und Freunde. Dieser Gedanke fesselt mich. Ich gehe langsam von der Straße auf die Demonstrantin zu, um sie zu fragen, ob ich das fotografieren darf. Sie nickt. Dieses Plakat kann wirklich nur eine Gedenktafel für einen Geflüchteten sein, der hier beim Versuch nach England zu reisen, sein Leben verloren hat. Vor dem Schild nehme ich meine Mütze ab und verneige mich.

Ahmed Osman ist nicht der Einzige, dem heute eine Gedenktafel gewidmet wird. Für Abdelrahman wurde auch ein Schild gemacht. Samir und Youssef sollen auch niemals vergessen werden. Die Daten ihrer Tode reichen nur wenige Tage oder Wochen zurück. Wahrscheinlich habe ich einigen dieser jungen Männer die Hand gegeben oder sie beim Vorbeigehen im Camp gegrüßt.

Vielleicht sind die Wut und der Frust, die mich gerade überkommen, übertrieben. Aber ich kann nicht aufhören daran zu denken, dass ich vielleicht einen jungen Mann mehr hätte aufhalten können.

Vielleicht wäre es einer dieser Jungs gewesen, an die hier auf den Schildern erinnert wird. Vielleicht hätte ich ihm irgendwie ausreden können, sein Leben aufs Spiel zu setzen.

In einem kurzen Gespräch mit Jean, dem Veranstalter der Demo, erfahre ich, dass hier statistisch betrachtet ein Geflüchteter pro Woche stirbt. Manchmal sind es aber auch ein halbes Dutzend an einem einzigen Tag. Manche lassen ihr Leben, wenn sie vom Zug fallen. Andere ersticken im Laderaum eines LKWs, während sie versuchen, mit einer Plastiktüte den Ausstoß von Kohlendioxid aus ihren Mündern zu verhindern.

Nun habe ich doch ein Ziel für heute. Nein, ich habe sogar zwei Ziele. Heute werde ich herausfinden, wie genau das mit dem Zug und den LKWs abläuft. Und ich werde Sebastian bitten, mich zum Friedhof zu bringen. Ich will an ihren Gräbern für sie beten. Ich erinnere mich an ein Zitat aus David Wheatleys Film ›Der Marsch‹, die Figur Isa El-Mahdi sagt da:

»Wir glauben, wenn ihr uns vor euch seht, werdet ihr uns nicht sterben lassen. Deswegen kommen wir nach Europa. Wenn ihr uns nicht helft, dann können wir nichts mehr tun. Wir werden sterben, und ihr werdet zusehen, wie wir sterben, und möge Gott uns allen gnädig sein.«

Im Dschungel angekommen, treffe ich einige der Einwohner des Camps, die ich schon kenne. Man grüßt sich mittlerweile im Vorbeigehen. Das ist ein gutes Gefühl.

Mima, der eritreische Junge, springt lachend auf und umarmt mich, als hätten wir uns lange nicht gesehen. Mir kommt das Bild von seinem leblosen Körper auf den Gleisen in den Sinn. Ich kann nicht zurücklächeln.

»Versprich mir, dass du aufhörst, auf diesen verfluchten Zug zu springen.«

Ich bitte ihn eindringlich wie ein großer Bruder, während ich meine rechte Hand fest auf seine linke Schulter lege. Mima lächelt weiter und sagt mir gelassen, dass es gestern schon wieder ein paar Jungs nach England geschafft haben. Sie hätten sich über WhatsApp gemeldet und Bilder aus Großbritannien geschickt. Ich muss passen. Alles, was ich jetzt noch sagen könnte, wäre Zeitverschwendung.

Ich beschließe, Mima zum Essen einzuladen. Während wir im afghanischen Restaurant sitzen und auf unser Essen warten, bitte ich ihn, mir ganz genau zu beschreiben, wie die Sache mit dem Zug läuft. Mima erklärt mir, dass man meist zu Fuß zu dem Bereich geht, wo der Zug in den Eurotunnel fährt. Das ist der Bereich, wo ich die Jungs aus Hamburg kennengelernt habe. Um dahin zu kommen, geht man vom Dschungel zwei bis drei Stunden. Je nach Schritttempo. Dann versucht man, an den ganzen Patrouillen und Hundestaffeln vorbei über die fünf bis sieben Zäune zu klettern. Der letzte Zaun ist mit Strom geladen.

Wenn man den letzten Zaun überwunden hat, steht man direkt auf den Gleisen, wo es nicht weniger gefährlich ist als auf dem Zaun oder unter einem Schäferhund. Man versucht dann, laufend auf den fahrenden Zug zu springen. Der Zug hat zu dieser Zeit ein Tempo von etwa vierzig Stundenkilometern Wenn die Polizei einen nicht erwischt, dann muss man sich nur noch bis zur englischen Seite irgendwo festhalten. Fünfzig Kilometer und man ist am Ziel.

Mima erzählt das so locker. Seine Augen sind voller Vorfreude, während er zu mir spricht. Es hört sich an, als würde er von einem Fußballspiel reden. Um ihn ein wenig in die Realität zurückzuholen, frage ich, ob er keine Angst vor dem Tod hat. Mima sagt mir, was mir alle hier im Camp auf diese Frage antworten: Ein Leben in England sei ihm dieses Risiko wert. Das verwirrt mich. Diese Menschen befinden sich in einer Situation, die nicht zu meinem Rechts- und Moralverständnis passt. Hier geht es mitten in Europa und in aller Öffentlichkeit um Leben und Tod.

Mich kostet es vierzehn Euro, durch den Eurotunnel zu kommen. Mein Freund Mima wird dafür vielleicht mit seinem Leben bezahlen.

Das Essen kommt. Wir essen gebratenes Huhn mit Kartoffeln und Reis. Mima beginnt mir die Sache mit den LKWs zu erklären. Es gibt verschiedene Möglichkeiten, in einen Lastwagen zu kommen. Manchmal verschaffen Schleuser den Geflüchteten einen Zugang auf das Gelände, von wo aus die Fähre über das Meer nach England ablegt. Danach kommt nur noch eine einzige Kontrolle. Die französischen Beamten schieben dabei ein Gerät in den Frachtraum des LKWs. Dieses Gerät misst den Ausstoß von Kohlendioxid. Wenn es ausschlägt, bedeutet das, dass Lebewesen im Inneren des LKWs sind. Um ihre Entdeckung zu verhindern, stülpen sich die Geflüchteten eine Plastiktüte über den Kopf, die den Ausstoß ihres Atems auffangen soll. Wenn einer die Tüte abnimmt, werden alle erwischt. Der Atem, der sie verraten kann, darf also nicht in den inneren Bereich des LKWs gelangen. Deshalb versucht man, in diesen LKWs an die eigenen Grenzen zu gehen. Es kommt vor, dass Menschen dabei ersticken.

Jetzt wirkt Mima auch ein wenig abwesend. Wahrscheinlich denkt er an einen Menschen hier aus dem Camp, der auf diese Weise sein Leben ließ. Vielleicht an einen seiner Freunde. Vielleicht denkt er an einen Menschen, der ihn auf seiner langen Reise begleitet hat. Das tut mir leid. Ich wollte Mima nicht traurig machen.

Nach dem Essen trennen wir uns in Höhe des Freiwilligencamps. Dort sehe ich schon wieder Basti mit dem schwarzen Kombi, wie er Menschen mit gebrochenen Beinen durchs Camp fährt. Er nimmt mich mit zur Kirche, wo sich Jarek und Leo gerade aufhalten. Ich frage Jarek, ob sie auch vorhätten, zum Friedhof zu gehen. Er antwortet mir, dass dies für den letzten Tag geplant sei. Das ist sicher besser so. Denn das wird kein leichter Gang. Jarek stellt mir Pawel vor, einen Mann aus Polen, der sich gut im Camp auskennt. Mit ihm gehe ich ein wenig umher. Pawel kennt viele Leute hier und erzählt mir Geschichten aus dem Camp, die ein normaler Journalist niemals zu hören bekommt. Er erklärt mir, dass man im Camp für nur zehn Euro eine Prostituierte bekomme. Als ich erstaunt darauf reagiere und ein paar Beleidigungen ausstoße, fügt Pawel hinzu, dass er sogar schon mal von einer Frau gehört habe, die es für drei Euro mache.

»Was für ein Mann geht zu einer Prostituierten, die sich in einer solch misslichen Lebenssituation befindet?«

Danach erzählt Pawel mir, dass eine Frau vom Zug gefallen ist und sich dabei das Bein gebrochen hat. Ihr Mann hat es nach England geschafft. In der Zeit ihrer Genesung wurde sie von einem Unbekannten vergewaltigt. Dabei wurde sie schwanger. Als ihr Mann dies erfuhr, schickte er jemanden vorbei, um sie zu töten. Sie, nicht den Vergewaltiger. Ich zittere vor Wut, als ich dies höre. Die Frau wurde von dem Attentäter mit einem Messer schwer verletzt. Andere Geflüchtete im Camp haben nur knapp verhindert, dass er diese unschuldige Frau mit ihrem ohnehin unerträglichen Schicksal tötete.

Ich brenne vor Wut. Nach welchem Recht, nach welcher Moral, in welcher Religion ist so etwas erlaubt? Welche Ideologie rechtfertigt so ein niedriges Handeln als ehrenhaft? Pawel bietet mir an, mich mit der Frau zusammenzubringen. Sie wäre bereit, in die Kamera zu sprechen, wenn man ihr Gesicht verbirgt. Ich erzähle Jarek später davon, weil ich denke, dass diese Frau über seinen Dokumentarfilm mehr erreichen kann als über mich mit meinem Buch. Jarek lehnt dies aber aus Respekt vor der Geschichte dieser Frau ab. Niemand solle sich auf dem Rücken eines Menschen mit so einer Geschichte interessant machen. Ich gebe ihm recht.

Pawel führt mich in die Hütte, in der man für einen Euro in der Stunde Billard spielen kann. Ganz in der Nähe hat sich ein Sportbegeisterter namens Jack ein Fitnessstudio errichtet. Jack ist Nigerianer. Während er mir sein kleines Studio zeigt, erklärt er mir, dass er kurz davor stünde, beim hiesigen Fußballverein Calais Racing Union FC einen Vertrag zu bekommen. Das finde ich gut. Ich verspreche Jack ein Fußballtrikot. Er sagt mir, dass er nicht glaubt, dass ich wiederkommen werde. Das erinnert mich an ähnliche Worte von Eli.

»Versprochen haben mir viele Besucher etwas. Aber Wort gehalten hat bislang noch keiner.«

Ich muss an meinen Vater denken. Der würde sich jetzt herausgefordert fühlen. Ich glaube mich daran zu erinnern, dass ich in meinem Koffer auch ein Trikot der brasilianischen Nationalmannschaft habe. Wenn es noch da ist, dann werde ich es Jack schenken.

Ich danke Pawel für seine kleine Führung. Um diese Dinge in Erfahrung zu bringen, hätte ich ohne ihn sicher sehr viel Zeit gebraucht. Etwas dabei ist aber erstaunlich. Solche Geschichten vertrauen sich die Anwohner normalerweise nur untereinander an. Sie vertrauen nur denen, die auch dort leben. Wie hat Pawel es nur geschafft, all diese Menschen so für sich zu gewinnen? Er kann kein Arabisch. Und sein Englisch ist auch nicht gut.

Ich spüre, dass Pawel mir etwas verheimlicht. Aber das ist nicht schlimm. Seine Erzählungen haben Lücken in meinem Verständnis des Dschungels gefüllt. Und irgendwann sitzt er sicherlich mal neben mir in der Kneipe. Dann werde ich den Rest der Geschichte erfahren. Denn Besoffene und kleine Kinder lügen nicht.

Am Ausgang zum Camp trenne ich mich von Pawel, um mit den Hamburgern mitzugehen. Im Auto redet niemand. Die Jungs scheinen sehr bedrückt von irgendetwas zu sein. Also halte ich den Mund, um sie nicht noch weiter zu belasten.

Basti macht ›Iron Sky‹ von Paolo Nutini an. Das passt zu der Stimmung, die uns begleitet. Keinem von uns geht es gerade sonderlich gut. Aber wir sind hier mit der Absicht, etwas zu schaffen, das den Menschen, die im Lager leben müssen, irgendwie weiterhilft. Und das ist es wert. Ich werde gleich wieder alleine in meinem Zimmer mit der Schlaflosigkeit ringen müssen. Aber ich muss wenigstens nicht allein zum Hotel. Allein dafür bin ich den Jungs gerade unendlich dankbar.

Tag 10 Mit Tarzan in den Dschungel

In meinem Hostelzimmer ist noch ein Bett frei. Die letzten Tage hatte ich Glück. Die Hotelleitung hätte mir jederzeit einen Zimmernachbarn aufs Auge drücken können. Haben sie aber nicht. Bis heute. Irgendwer liegt da jetzt in dem Bett neben meinem. Hoffentlich hat er mir nichts von meinen Sachen geklaut. Die Person ist sehr dünn und hellhäutig. Und ich glaube, sie hat lange Haare. Hätte auch ein Mädchen sein können, das da neben mir liegt. Aber ich glaube, in diesem Hostel trennen sie die Zimmer nach Geschlechtern.

Als ich am Morgen erwache und den Blick auf meinen Zimmernachbarn richte, traue ich meinen Augen nicht. Tarzan lebt. Und er liegt hier neben mir im Bett. Als Tarzan merkt, dass ich wach bin und ihn seit einigen Sekunden anstarre, richtet er sich auf, um mich in gebrochenem Englisch zu begrüßen. Er ist sehr höflich. Tarzan heißt Jakub und ist ein neunzehnjähriger Pole. Er stellt sich als Kuba vor. Das ist der polnische Kosename für den Namen Jakub. Kuba erzählt mir, dass er eigentlich auf einem Segelschiff nach London wollte. Dieses hatte aber nahe der französischen Stadt Brest eine Panne. Also ist er per Anhalter und Bus bis hier nach Calais gekommen. Jetzt sucht er nach einem Weg, um ein günstiges Ticket für die Fähre nach Dover zu bekommen. Als er mich fragt, ob ich weiß, wie man eine solche Karte für die Fähre bekommt, erkläre ich es ihm. Dank Mark, dem Ungarn, bin ich bezüglich Fähren aus Calais bestens informiert. Ich erzähle ihm aber auch ein paar Sachen aus dem Dschungel. Wenn er nun schon mal hier ist, dann soll er auch über das Camp Bescheid wissen.

Kuba bittet mich, ihn einmal mitzunehmen. Er meint, das wäre eine Bereicherung für sein Leben. Ich mag Kuba. Und ich habe viel Respekt vor so jungen Menschen, die alleine reisen. Warum soll er mich nicht in das Camp begleiten und sich ein wenig ansehen, was es dort so alles gibt? Wie der Fotograf Alexander Mechow sagt:

»Man hat ungefähr achtzig Sommer in einer Lebenszeit. Bis man das gelernt hat, sind mindestens zwanzig davon verloren.«

Auf dem Weg in den Dschungel erzählt Kuba mir, dass seine Eltern beide Rechtsanwälte sind. Er selbst hat aber keine Lust auf eine solche Arbeit. Er würde gerne etwas in Richtung Entwicklungshilfe machen. Während er das sagt, blitzt seine Zahnspange in der Sonne auf und man sieht seine schönen weißen Zähne. Solche Jungs kommen immer aus geordneten Familien. Ich bin mir nicht sicher, ob er das gleich ertragen kann, was ihm hier in diesem Camp begegnen wird. Doch eins ist sicher: Die gewünschte Portion Lebenserfahrung wird er bekommen. Wenn ein Mann von Bastis Format hier in Tränen ausbricht, werde ich diesen jungen Polen heute Abend mit einer zerfetzten Seele aus dem Camp tragen müssen.

Eine Stunde später gehen Kuba und ich durch den Haupteingang ins Camp. Ich zeige ihm die Restaurants und Kaufläden der Einwohner und erkläre ihm die wenigen Regeln, die es hier im Dschungel gibt. Er bindet seine Kamera unter die Jacke und fotografiert erst, nachdem er ausdrücklich die Erlaubnis dafür bekommen hat. Der Junge geht richtig auf, während er all die Menschen kennenlernt und Dinge fotografiert, die ihm ungewöhnlich erscheinen: Hütten, Müll, Wasserstellen, Zäune …

Vorne am Jules-Ferry-Zentrum zeige ich ihm, dass gleich Menschen zur Essensausgabe über den großen Zaun klettern werden. Jeden Tag stehen hier etwa tausend Jungen und Männer in der Reihe vor dem großen eisernen Eingang. Ich habe das schon oft mitbekommen, wie sie über diesen Zaun hechten, um an Essen oder eine der Duschen zu kommen. Mir ist aber bisher noch nie aufgefallen, dass in der ersten Reihe nur junge Männer stehen. Dies bemerke ich erst jetzt, weil Kuba hier ist. Ich hatte mich, als die ganzen Geflüchteten losstürmten, um die Ersten beim Essen, Duschen und Handyaufladen zu sein, um ihn gesorgt, weil er so dünn und zerbrechlich ist.

Nun denke ich im zweiten Schritt an all die Frauen, Verletzten und Kinder, die immer später hier erscheinen, weil sie eh nicht an den großen und kräftigen Kerlen vorbeikommen. Das verdirbt mir ein wenig die Laune. Also gehe ich in Richtung des Eingangs zu einem der freiwilligen Helfer, um zu fragen, ob ich mit einem Verantwortlichen sprechen kann. Ich möchte vorschlagen, dass man zukünftig zwei separate Schlangen anweisen soll. Eine für gesunde Menschen und eine für Menschen mit Handicap.

Das kenne ich aus der Traglufthalle in Berlin, in die ich manchmal gehe, um zu übersetzen. Dort lassen die Mitarbeiter immer eine gerade und ordentliche Schlange bilden, bevor sie das erste Essen ausgeben. Das muss hier doch auch gehen. Man teilt mir mit, dass ich nicht ins Jules Ferry reindarf, weil es nur für Geflüchtete und registrierte Helfer ist. Aber man würde mein Anliegen weitergeben. Das reicht mir vorerst. Morgen werde ich erneut danach fragen. Als wir uns umdrehen, um weiter durch das sudanesische Viertel zu spazieren, sehe ich ein Paar hoch zu Pferd. Ich schalte sofort und beginne zu laufen. Kuba folgt mir einfach, ohne zu wissen, was ich vorhabe. Irgendwer hat mal erwähnt, dass hier in der Nähe ein Polo-Club ist. Das müssen zwei der Spieler sein. Diese Typen reiten hier mal eben im Dschungel aus, als wären sie auf einer Safari. – Aber nicht, solange ich hier bin!

Manche der Menschen, die hier leben, sind meine Freunde. Und überhaupt wird jeder, der hier mehr als eine Woche verbracht hat, Teil von diesem Ding, diesem Dschungel. In so einem Moment muss man Farbe bekennen. Egal wer hier reinkommt, er muss sehen, dass die Menschen im Camp Freunde haben, die sie beschützen. Auch wenn den Geflüchteten selbst nicht klar ist, was hier gerade geschieht.

Ich werde die Reiter jetzt fotografieren und filmen. Vielleicht nimmt es ja die BILD-Zeitung. Bestimmt gibt es so was wie BILD oder FOCUS auch in Frankreich. Vielleicht ist einer der Reiter auch ein Promi oder so was. Strafe muss sein. Als ich den Reitern rennend näherkomme, zücke ich meine Kamera und schraube rasch das Weitwinkelobjektiv drauf. Als sie dies sehen, reiten sie mit ihren Pferden durch die Büsche davon. Kuba rennt mir jetzt hinterher und fragt, was denn los sei. Ich erkläre ihm die Sache mit den Reitern, während ich versuche, meinen Ärger runterzuschlucken. Was für ehrlose Leute. Hier müssen Menschen im Elend leben, Menschen, die nicht einen einzigen Cent in der Tasche haben. Und die kommen in ihren schweren Reiterklamotten auf ihren stolzen Rossen angeritten, um sich das mal anzusehen. Warum bringen sie nicht wenigstens Spenden, um zu helfen?

Ich muss wieder an Pawel denken. Er hat mir davon erzählt, dass da oben an der Lichtung vor dem Camp manchmal ein Bulli mit jungen französischen Männern anhält. Dort stellen sich die Geflüchteten immer auf die Anhöhe, um besseren Empfang zu haben, wenn sie ihre Familien in den Heimatländern über WhatsApp oder Viber kontaktieren. Wenn der Bulli kommt, steigen diese Jungs aus und knüppeln die Geflüchteten grundlos zusammen. Rassisten. Um so eine Ungerechtigkeit unterbinden zu können, würde ich alles geben. Stark gegen schwach muss man immer unterbinden, egal mit welchen Mitteln. Meine Laune wird noch schlechter bei diesem Gedanken.

Wir kommen an einem Wohnhaus, das direkt am Camp liegt, vorbei. Ich habe noch nie darauf geachtet, obwohl es am Feldweg zum sudanesischen Viertel liegt und ich schon mindestens fünfzig Mal daran vorbeigegangen sein muss. Ein altes Steinhaus mit einem Vorhof, auf dem ein paar Renaults geparkt sind. Das Ganze ist selbstverständlich umzäunt. Ich tue das, was hier wahrscheinlich lange keiner mehr gemacht hat: Ich drücke auf die Klingel vorne am Zaun. Eine rothaarige Frau kommt aus dem Haus geeilt. Bevor sie reden kann, grüße ich sie auf Deutsch, damit sie sieht, dass ich weder Journalist bin noch ein Geflüchteter. Ich wolle lediglich ein Glas Wasser.

Als sie vor mir steht, sehe ich sie mir genauer an. Sie hat einen sehr großen Kopf mit aufgemalten Augenbrauen. Das irritiert mich ein wenig, aber ich beginne trotzdem, sie über ihre neuen Nachbarn auszufragen. Berenice, so heißt sie, ist Anfang fünfzig. Sie erzählt mir, dass sie sich dieses Haus zusammen mit ihrem Freund vor sieben Jahren gekauft hat. Damals habe es dieses Camp noch nicht gegeben. Neun versuchte Einbrüche in ihr Haus bislang. Sie habe Angst vor dem Gesindel.

»Ah, Gesindel nennst du meine Freunde also«, denke ich mir, als mir klar wird, dass sie wohl zu den Rassisten gehört. Heimlich hole ich mein Handy aus der Tasche und tue so, als würde ich jemanden anrufen. Ich schalte die Videofunktion meiner Kamera ein und nehme jede Menge rechtsextremes Gedankengut à la Marine Le Pen auf. Berenice meint, die Menschen aus dem Camp wären »schlimmer als Tiere«. Mitgefühl oder Verständnis für deren Situation kann sie in keiner Weise aufbringen. Das Grundstück, auf welchem sie ihren Lebensabend verbringen will, sei durch das Camp wertlos geworden.

Kuba schiebt ihr noch einen Spruch von der Seite rein. Er fragt sie, warum sie eigentlich nicht ein Unternehmen auf ihrem großen Grundstück gründet und den Geflüchteten Arbeit gibt. Ich pflichte ihm bei. Bevor Berenice antworten kann, verabschieden wir uns. Am Fenster im Haus zuckt schon seit einiger Zeit die Gardine. Das ist bestimmt ihr Macker, so ein Waldschrat, der ungemütlich werden kann, wenn irgendein Kanake in Begleitung von Tarzan seine Frau verarscht.

Ich gebe Berenice zum Abschied zu bedenken, dass die Katze, die sich im Innenhof ihres Hauses gerade in der Sonne räkelt, wahrscheinlich mehr Rechte hat als ihre Nachbarn. Und deswegen wünsche ich ihr, dass die ungewöhnliche Nachbarschaft noch möglichst lange bestehen bleibt. Natürlich wäre es für die Menschen im Camp besser, wenn alles aufgelöst würde, weil endlich alle ein richtiges

Zuhause bekommen. Aber solange das nicht so ist, ist die Gemeinschaft im Camp das Zuhause dieser Menschen. In der Zwischenzeit bleiben Berenice ihre neuen Nachbarn erhalten. Vielleicht für immer.

Ein paar hundert Meter weiter kommen wir an das Tor zum Nachbarhaus. Hier hat mal ein Geflüchteter den stromgeladenen Zaun überwunden, um ein Huhn zu stehlen. Der hat aber nicht mit dem Schäferhund gerechnet, der ihn empfindlich in sein Bein gebissen hat. Das hat mir auch der Pawel erzählt.

Als wir weitergehen, sehen wir einen sudanesischen Mann in den Büschen knien. Beim Näherkommen stelle ich fest, dass er dabei ist, Himbeeren zu pflücken. Lächelnd frage ich ihn, ob ich eine der Beeren abbekomme. Der Mann schaut mich verstört an und zieht seine kleine Ernte näher an seinen Bauch. Er stammelt in meine Richtung.

»Ich weiß nicht, ob es für uns beide reicht, Bruder.«

Er meint das ernst. Kann es sein, dass dieser Mann riesigen Hunger hat und versucht, diesen Hunger mit Himbeeren zu stillen? Wird man von einer Handvoll Beeren satt? Mir wird schwindelig. Ich bereue es, diesen Mann angesprochen zu haben. Ich habe aber auch nicht den Mut, ihn mit ins Restaurant zu nehmen. Bestimmt ist es nicht richtig, ihn noch mehr zu demütigen, indem man ihn durch eine Einladung an seine Situation erinnert.

Vielleicht halten mich jetzt einige Leser für feige, weil sie denken, dass dies doch nur ein kurzer und relativ harmloser Wortwechsel gewesen ist. Das lasse ich mir dann gerne sagen. Weil ich weiß, dass dieser Mann auch eine Geschichte hat. Vielleicht hat er eine Familie, die auf die Beeren warten. Vielleicht hat er aber auch eine Familie, die noch in seinem Land ist, mitten im Krieg oder in Haft. Vielleicht ist seine Familie auch tot. Wer den Mut hat, der soll sich an meiner Stelle an diesen Strauch stellen und den Mann nach all dem fragen. Aber wer kann schon all diese Schicksale in sich aufsaugen? Das kann kein Mensch.

Keiner, weder ich noch der polnische Tarzan noch der originale Tarzan, kann sich die ganze Zeit über das bittere Schicksal live und in Farbe geben. Also nehme ich Kuba beiseite und mache mich mit einem Abschiedsgruß an den Mann bei den Himbeeren auf den Weg. Wir biegen rechts ein in Richtung Kirche. Dabei kommen wir an der iranischen Siedlung vorbei. Die Menschen dort sind sehr freundlich. Sie bleiben aber auch sehr unter sich. Im letzten gemeinsamen Gespräch mit Jasper und Volkan haben mir manche im Vertrauen erzählt, warum sie auf keinen Fall ein Foto wollen. Todesstrafe in der Heimat. Wofür auch immer. Manche haben ihr Todesurteil sogar schriftlich dabei. Warum erhalten solche Leute kein Asyl? Sie haben für eine Sache, die in Europa nicht mal illegal ist, die Todesstrafe bekommen. Welchen Grund für Asyl gibt es, der dringender ist?

Masut, einer der Iraner, zeigt uns Dokumente, in denen er belegen kann, dass er für die britische Armee übersetzt hat. Wie ihm das gedankt wird, zeigt er uns auch. Die Briten lassen ihn nicht rein. Obwohl ihn ein Offizier aus dem Bataillon, dem er geholfen hat, in Großbritannien unterstützen will, haben sie das Asylgesuch abgelehnt. Ich wünschte, ich könnte mehr für Masut und seine Freunde tun als ihnen zu sagen, dass die meisten Iraner, die ich in Deutschland kenne, erfolgreich sind und sich sehr um ihre Landsleute sorgen. Ich schlage vor, sie sollten doch mit nach Deutschland kommen. Aber sie lehnen ab. Alle! (Entgegen der landläufigen Meinung gilt Deutschland aufgrund sprachlicher Barrieren und eines vergleichsweise langsamen Asylverfahrens nicht in allen Herkunftsländern als Paradies.) Die Iraner laden uns zum Essen und auf einen Tee ein.

Kuba sieht mich komisch an, weil der Teekessel auf der Feuerstelle voller Ruß ist.

Ich beruhige ihn, es ist ja normal, dies erst mal ungewöhnlich zu finden. Ich habe aber schon oft von da getrunken. Und mein Magen ist immer noch stabil. Den Tee nehmen wir also gerne an; auf das Essen aber verzichten wir. Obwohl es wirklich appetitlich aussieht. Ich habe das über Kubas Kopf hinweg entschieden, weil ich nicht weiß, wie viel es die Männer gekostet haben mag, uns einzuladen. Zwei Teller Essen haben in mancher Geschichte hier im Camp schon einen Unterschied gemacht.

Wir gehen weiter zur Kirche, wo Kuba wie alle anderen voller Ehrfurcht seine Schuhe vor dem Eingang auszieht. Er geht hinein, um Fotos zu machen. Bei den Afghanen vorbeigekommen, treffe ich Gasi, den Albaner. Der ist wie immer sehr freundlich. Er hat mir hier schon in sechs Sprachen einen großen Teil des Camps erklärt. Und er besorgt alles, was man sich nur wünschen mag: Ob es afghanisches Marihuana ist, eine Dose Bier zum Preis von einem Euro oder Bilder zu einer exklusiven Story mit Helikopter über dem Camp.

Gasi bekommt immer alles mit, was los ist. Er lebt als einziger Albaner im Camp, zwischen dem afghanischen und dem sudanesischen Viertel. Er schläft dort in einem Zweimannzelt, wie man es in jedem Outdoorladen bekommt. Während Gasi mich über Kuba ausfragt, sehe ich, wie mein polnischer Tarzan mittlerweile mit zwanzig afghanischen Jungs Volleyball spielt. Das gefällt mir sehr. Kuba ist frei. Frei von den Wünschen und Zwängen seiner Eltern. Der einzige Druck, der ihn hier im Camp irgendwie erreichen kann, ist der Druck, den seine Zahnspange auf die Zähne ausübt.

Wir gehen weiter zu den Punkern. Es gibt hier Punker aus Italien und aus Frankreich. Mit denen habe ich mich immer wieder kurz ausgetauscht. Die haben mir erzählt, dass sogar schon die Osnabrücker Gruppe No-Lager hier war, also Punker aus meiner Heimatstadt. Das hat mich sehr stolz gemacht. Unsere Punker waren auch in Osnabrück immer sofort zur Stelle, wenn es irgendwo gebrannt hat oder brennen sollte. An dem Wohnwagen der Punker fällt mir ein Schild auf, das kurioser nicht sein könnte. Wenn man es fotografieren will, muss man einen Zehner bezahlen. Ich nicht, ich darf gratis fotografieren. Es ist mir aber mehr als zehn Euro wert. Viele meiner Freunde würden das feiern, wie die Punker hier zur Stelle sind.

Übersetzt heißt es:

»Fotografieren kostet 10,– Euro
(Oder Sie nehmen dafür jemanden in Ihrem Auto mit nach GB)
(Seid ihr von der Daily Mail, verpisst euch einfach)«

In der Dämmerung gehe ich mit Kuba ein weiteres Mal diese endlos lange Landstraße im Industriegebiet beim Dschungel entlang. Ich nehme meinen neuen Freund zur Seite und frage ihn, ob er heute früh beim Zähneputzen unter der Dusche jemals mit einem Tag wie diesem gerechnet hätte. Kuba lacht und umarmt mich dankbar. Ich glaube aber, dass ich eher Kuba danken muss. Durch ihn habe ich die Gelegenheit bekommen, die ganzen Sachen hier im Camp ein wenig weiterzugeben. Sein Zuhören war gut gegen Frust und Redebedarf. Auf dem Weg ins Hostel geben wir uns unsere Facebook-Namen, um in Kontakt zu bleiben. Tarzan hat seinem Namen alle Ehre gemacht und den Dschungel erobert.

Tag 11 Abschied nehmen

Im Hostel gehe ich direkt unter die Dusche. Während ich mich wasche, sehe ich, wie der ganze Schmutz meinen Körper entlang in den Abfluss fließt. Heute reicht mir das nicht. Ich seife mich noch mal ein. Aber noch immer kommt es mir vor, als wäre ich dreckig. Noch mal. Was habe ich heute an mir, das ich gar nicht abwaschen kann? Ich rieche nach verbranntem Plastik, Ruß und Schweiß. Noch immer. Kann es sein, dass ich mir das einbilde? Immerhin habe ich mich nun dreimal gründlich gewaschen. Unter meinen Fingernägeln ist aber noch immer Schmutz.

Im Bett beginne ich darüber nachzudenken, was die Ursache sein könnte, dass ich mich so unrein und dreckig fühle. Ich denke an all die Menschen, die ich in einer einzigen Woche hier kennengelernt habe. Die Geflüchteten, die Freiwilligen, die Journalisten, die Einheimischen von Calais, die Polizeibeamten. Was ist das nur für eine Woche gewesen? Als ich neben mich blicke, um die Uhrzeit von meinem Handy abzulesen, sehe ich eine Flasche Sekt aus meinem Rucksack ragen. Die wollte ich eigentlich Eli zum Abschied schenken. Was soll's. Ich kaufe morgen eine neue. Das Geld dafür leihe ich mir von Basti. Ich nehme meine Zigaretten und die Sektflasche, verlasse mein Zimmer und setze mich auf eine Wiese neben dem Hostel.

Aus meinem Handy tönt leise Musik. Die Sonne ist schon untergegangen, aber die Wellen vom Meer hört man noch gut. Es ist eine unglaublich schöne Sommernacht. Ich gehe kurz in Richtung des Strandes und genieße die klare Meeresluft. Der ganze Schmutz, den ich eben noch unter der Dusche gerochen und gefühlt habe, hat sich aufgelöst. Nach einer Viertelstunde gehe ich zurück zu der Wiese neben dem Hostel und setze mich wieder auf meine Jacke. Es ist so ruhig hier. Ganz anders als im Dschungel. Da ist jetzt richtig was los. Die Leute trinken und hören Musik. Das lässt die Sorgen ein wenig in Vergessenheit geraten. Wo wäre ich lieber? Da drüben beim Feiern und im Schmutz? Oder hier in der Ruhe und Ordnung?

Ich muss wieder an meine Freunde aus dem Camp denken. Die Hälfte von ihnen ist grade wieder auf dem Weg zu den Zügen. Vielleicht teilt mir morgen jemand mit, dass sich einer meiner Freunde verletzt hat. Oder einer von ihnen ist sogar umgekommen. Könnte ich damit leben? Bestimmt nicht. Verhindern kann ich es aber auch nicht. So bleibt mir nichts anderes übrig, als wieder einmal mit gesenktem Haupt in mich zu gehen und für diese Menschen zu beten. Das macht mich unendlich traurig. Ich wünschte, ich wäre jetzt nicht allein.

In diesem Augenblick kommt ein weißer Bulli mit italienischem Kennzeichen vor das Hostel gefahren. Es sind die Punker aus dem Camp. Zwei von ihnen erkenne ich sofort wieder. Der eine mit den langen Haaren und dem Bart geht grüßend an mir vorbei ins Hostel. Als er einige Minuten darauf wieder an mir vorbeikommt, schaut er mich kurz an und fragt, ob bei mir alles okay sei. Ich würde gerne Ja sagen. Aber es ist nicht alles okay bei mir. Dabei könnte ich ihm noch nicht einmal sagen, was ich für ein Problem habe. Der Punker setzt sich neben mich auf die Wiese und bedient sich an meinem Sekt. Eigentlich kann ich so was nicht leiden. Mit einem Pfiff ruft er seine Freunde zu uns auf die Wiese.

Nun sitzen wir hier zu viert und reden über das Geschehen. Die drei Punker heißen Giuseppe, Roberto und Andrea. Sie kommen aus Rom und Florenz. Seit einer Woche treiben die sich schon im Camp herum. Keiner weiß genau, was sie dort tun. Aber sie sind, soweit ich es beurteilen kann, immer sehr freundlich zu den Geflüchteten. Ich habe sie immer bei Helfertätigkeiten wahrgenommen. Mit ihrem Bulli haben sie viel Holz für die Geflüchteten zum Bauen und Verbrennen geholt. Das ist viel wert. Das Holz müssten die Geflüchteten ansonsten mit einem Einkaufswagen holen, immer diese ganze lange Straße entlang.

Die Punker erzählen mir, dass auch sie mich ständig im Camp mit den Geflüchteten gesehen haben. Und dass sie mich für einen guten Mann halten. Mir kommen die Tränen. Giuseppe fragt mich, ob etwas passiert sei. Ich antworte ihm, dass ich morgen abreisen müsse. Geld habe ich schon seit zwei Tagen nicht mehr, deswegen habe ich das Angebot der Hamburger angenommen, mit ihnen zurück nach Deutschland zu fahren.

Damit sie mich und meine Trauer verstehen, erkläre ich ihnen, dass ich mich wie ein Feigling fühle. Ich habe noch nie einen Menschen im Stich gelassen. Irgendetwas muss ich doch noch tun können, bevor ich gehe. Die Punker rücken noch etwas näher zusammen und beratschlagen sich.

Giuseppe bietet mir an, mit ihnen ins Camp zurückzufahren. Dort haben sie noch ein Zelt frei. Das lasse ich mir nicht zweimal sagen. Schnell packe ich oben im Hostelzimmer meine Sachen zusammen und checke dann aus. Unten am Bulli lachen wir uns alle an. Die Jungs haben gerade mein großes Problem gelöst.

Auf der Fahrt zum Camp denke ich nach, während sich die Punker auf Italienisch miteinander unterhalten. Ich muss an meine Freunde in Deutschland denken. Einige von ihnen heißen auch Giuseppe, Roberto und Andrea, nämlich Josef, Robert und Andreas. Auch Namen führen einem vor Augen, dass wir im Grunde alle gleich sind, egal auf welcher Seite der Alpen wir wohnen.

Im Camp bringen mich die Jungs direkt zu dem Zelt, in dem ich schlafen soll. Es ist ein einfaches Zweimannzelt mit einer aufgeblasenen Matratze darin. Ganz oben auf einer Düne aufgebaut. In einer Sommernacht gibt es, glaube ich, nichts Besseres. Die Jungs ziehen sich zurück.

Morgens sortiere ich gerade die Sachen aus meinem Koffer in wichtig und unwichtig, als ein Sudanese aus seiner nebenanliegenden Hütte zu mir kommt, um mich zu begrüßen. Er bietet mir einen frisch gekochten Kaffee an, als wäre es normal, dass ich da im Zelt nebenan schlafe. Weiß dieser junge Mann überhaupt, dass ich kein Geflüchteter bin? Wahrscheinlich interessiert es ihn gar nicht. Eines weiß ich aber spätestens seit heute Nacht: Mein Koffer bleibt hier. In ihm bleibt alles, worauf ich verzichten kann. Kamera, Aufladekabel und dergleichen kommen in meinen Rucksack. Das muss ich wieder mit zurücknehmen, alles andere nicht. Ohne mich zu verabschieden, lasse ich meinen Koffer mit ein paar Sachen darin als Geschenk zurück. Für den Mann, der mir den Kaffee gemacht hat.

Ich gehe zu den Afghanen. Unsere Jungs sind sicher schon dort. Als ich das Viertel erreiche, sehe ich Leo und Jarek irgendwas vor der Kirche aufnehmen. Basti ist schon wieder dabei, unentwegt Leute von A nach B zu fahren. Er guckt längst nicht mehr so unbeschwert wie noch vor ein paar Tagen. Als er an mir vorbeifährt, macht er auch keinen Witz mehr wie sonst, wenn er Taxi, Taxi! rief, obwohl er einen Geflüchteten mit gebrochenen Beinen zum Krankenhaus fuhr. Ich glaube, Basti hat gestern genau das Gleiche durchgemacht wie ich: Es fällt ungeheuer schwer, mit dem Gedanken an den unweigerlich näherrückenden Abschied klarzukommen. Und wir beide wissen, dass es noch nicht vorbei ist. Die richtige Scheiße kommt erst.

Ich setze mich wieder auf einen dieser großen Betonklötze, in die die hohen Laternen im Camp eingelassen sind. Zum Rauchen. Mima taucht wie aus dem Nichts vor mir auf. Hier haben wir uns das letzte Mal auch unterhalten. Zufälle gibt es nicht. Wahrscheinlich wohnt er hier in einem der Zelte und Hütten. Er weiß bereits, dass wir das Camp heute verlassen werden. Wortlos setzt Mima sich neben mich. Ich nehme meine Zigaretten aus der Tasche und zünde mir eine davon an. Die anderen Zigaretten reiche ich Mima. Nun rauchen wir beide, wortlos. Nach einiger Zeit sieht mich Mima traurig an.

»Kommst du wieder, Hammed?«

Mit Tränen in den Augen drehe ich meinen Kopf zu ihm und lächle.

»Was wäre ich denn für ein Mensch, wenn ich nun einfach nach Hause gehen würde, ohne wieder zu euch zu kommen?«

Mima gefällt mein Versprechen. Aber ich sehe, dass er es nicht für bare Münze nimmt. Also nehme ich ihn ganz fest in den Arm, um es ihm noch einmal zu versprechen.

»Bei meiner Ehre, ich habe noch nie mein Wort gebrochen.«

Nun spüre ich, wie sein dünner und knochiger kleiner Körper in meinen Armen zu beben beginnt. Ich ahne, dass Mima nun ebenfalls weint. Das wollte ich nicht. Ich weiß noch nicht wie, aber ich bin mir sicher, dass ich jede einzelne seiner Tränen wieder gutmachen werde.

»Irgendwann habe ich meine Papiere fertig. Dann komme ich dich in Berlin besuchen, versprochen, Hammed. Vergiss uns bis dahin aber bitte nicht!«

Ich verstehe Mimas Aussage nicht wirklich. Das macht mich nachdenklich. Wie könnte ich all diese Menschen und die Ereignisse mit ihnen nur vergessen? Immerhin bin ich hier, um ein Buch über diese Schande zu schreiben, diese Schande inmitten Europas, die Schande von Calais. Das habe ich Mima aber nicht gesagt. Vielleicht kann er deswegen nicht abwägen, wie wichtig die Menschen mir sind. Aber was tut das schon zur Sache. Ich verabschiede mich von ihm und gehe zurück zum Eingang, um dort auf die Hamburger Jungs zu warten.

Nach etwa einer Stunde kommen Basti, Leo und Jarek mit dem Auto angefahren. Sie haben die englische Victoria im Fond sitzen. Sie will mit nach Deutschland. Ich bitte Basti, mich noch einmal zu Mounir und Jack zu bringen. Ich habe da noch ein Versprechen einzulösen. Vorhin beim Sortieren des Koffers ist mir das gut erhaltene Brasilien-Trikot in die Hände gefallen. Das ist für Jack. Munir bekommt meine blauen Nikes. Für mich sind es nur ein paar Schuhe. Für Munir aber machen diese Nikes auf dem Weg zum Zug einen Unterschied.

Als ich an seine Hütte klopfe, höre ich keine Reaktion. Plötzlich aber steht Youssef, ein gemeinsamer Freund, neben mir und begrüßt mich. Er sagt, dass Mounir heute bei einem Freund in einer anderen Hütte übernachtet habe. Er habe aber gewusst, dass ich mein Wort nicht brechen würde. Und er halte etwas von mir. Deswegen, so Youssef, wollte Mounir heute nicht hier sein, um den Abschied nicht zu erschweren. Youssef umarmt mich stellvertretend für seinen Freund. Ich schweige. Mounir hat sich von allem, was in seinem Leben wichtig war, schon so oft verabschieden müssen, dass ihm Abschiede zu bitter geworden sind. Ich lasse ihm durch Youssef ausrichten, dass ich wiederkomme. Auf einem Zettel vom Müllhaufen notiere ich ihm meine Kontaktdaten in Deutschland. Dann drehe ich mich um und kehre zu unserem Bus zurück. Barfuß.

Es geht los. Das Camp fällt immer weiter hinter uns zurück, während wir ein letztes Mal die endlos erscheinende Industriestraße entlangfahren. Wir sind alle sehr ruhig. Jeder weiß, dass es das letzte Mal sein wird. Das letzte Mal für diesen Monat.

Doch bevor wir Calais verlassen, haben wir noch eine allerletzte Station vor uns. Wir müssen noch zu den Toten.

Tag 12 Der Friedhof

Der Friedhof von Calais liegt nicht weit weg vom Zentrum der Stadt. Wir erreichen ihn schnell und problemlos. Dort angekommen, trenne ich mich ein wenig von der restlichen Gruppe. Die Leute vom Friedhof sollen nicht denken, dass wir Journalisten sind. Sie würden uns des Platzes verweisen. Außerdem weiß ich, dass ich gleich Gräber von Menschen sehen werde, die auf dem Zug und in einem LKW ihr Leben lassen mussten. Da möchte ich lieber allein sein.

Der Friedhof von Calais hat einen Bereich für Geflüchtete, der etwas abgesondert liegt. Ich finde ihn schnell. Meine Stimmung schlägt nun ganz in Richtung Stille um. Während ich meine Hände hebe, um ein Totengebet für all diese hier beerdigten Menschen zu sprechen, betrachte ich eine der Grabtafeln. Auf ihr ist in arabischer Schrift der Name eines Mannes zu lesen. Darunter steht sein Geburtsdatum. Das greift mich sofort an. Der Mann, der hier seine letzte Ruhe gefunden hat, ist nur drei Jahre jünger als mein Vater. Was würde er zu all diesen Ereignissen sagen?

Vorsichtig gehe ich in die Knie und bete für die Toten hier. Als ich mich wieder aufrichte, um mir die anderen Gräber anzusehen, stelle ich fest, dass die in der zweiten Reihe nur mit Nummern beschriftet sind. Das erste Grab trägt die Aufschrift »No.5115«.

Jetzt bestätigt sich der Verdacht, den ich eben hatte. Es kann nur einen Grund dafür geben: Hier liegen Menschen bestattet, die keine Papiere bei sich hatten, als sie bei einem Fluchtversuch ihr Leben ließen. Niemand weiß, wer in diesen Gräbern liegt. Nur Gott. Mit die-

sem bedrückenden Gedanken im Hinterkopf gehe ich nun in die nächste Reihe. Hier sind die Gräber noch nicht belegt. Hölzerne Stäbe stecken in der Erde, daran sind kleine hölzerne Plaketten befestigt. Es sind etwa zehn Stück. Ich stutze. Warum sind die Gräber schon markiert ... und für wen? Sind die Menschen, die in ihnen beerdigt werden sollen, bereits tot und liegen noch in den Kühlräumen des Krankenhauses? Oder hat man die schon vorausschauend vorbereitet, weil man sicher davon ausgehen kann, dass regelmäßig Geflüchtete ums Leben kommen?

Meine Gedanken spielen verrückt. Ich muss hier weg. Im Camp konnte ich schon nicht viel für die Menschen machen. Hier kann ich außer einem Gebet absolut gar nichts ausrichten. Also gehe ich zum Parkplatz und warte auf die Jungs, die endlich kommen sollen, damit wir nach Hause fahren können.

Kurze Zeit später sind wir auf der Autobahn in Richtung Dünkirchen an der belgischen Grenze zu Frankreich. Keiner spricht ein Wort. Stattdessen hören wir Musik aus dem Radio und versuchen unsere Tränen und Gefühle zurückzuhalten. Nach all den Tagen, neuen Freundschaften und hoffnungsvollen Gesichtern war dieser Abschied ein Schlag in die Magengrube. Ein Auge lacht, das andere weint.

Wir haben diesen verfluchten Ort nun hinter uns gelassen. Wir haben Menschen zurückgelassen. Vielleicht haben wir ihnen ein wenig geben können. Aber sie haben uns zweifellos viel mehr gegeben. Wir haben ihnen nur materielle Dinge gegeben. Die meisten dieser Dinge kann man nachkaufen, sich gegen Geld wieder besorgen. Die Dinge, die die Geflüchteten uns gegeben haben, kann man allesamt nicht kaufen. Es waren bzw. sind Freundschaft, Vertrauen, Obhut, Ehre und Vernunft.

Was die Menschen im Camp nicht haben, müssen sie sich irgendwie zusammenschustern, weil ihnen einfach nichts anderes übrig bleibt. Allein dieser Umstand macht sie schon zu außergewöhnlichen Vertretern unserer Spezies.

Ich bekenne aus vollem Herzen: Ich habe in diesem Camp viel über mich selbst gelernt. Ich habe gelernt, wie schwach ich bin. Und ich habe gleichzeitig gelernt, wie stark ich sein kann. Menschen, die flüchten, denken nicht so eingeschränkt wie Europäer. Sie wollen ein menschenwürdiges Leben, die simpelsten Dinge: Strom, Wasser, Bildung, ein Dach über dem Kopf. Das habe ich von Amjad, dem Libyer, gelernt. Und das macht mich stutzig. Deswegen habe ich noch ein paar Fragen.

Warum sind Amjads berufliche Fertigkeiten nicht so viel wert
wie meine? Weil er seinen Beruf nicht in Europa gelernt hat?

Warum ist Mimas Gesundheit nicht so viel wert wie meine?
Weil er keine europäische Krankenversicherung hat?

Warum ist Elis Gebet nicht so viel wert wie meines?
Weil es in einer Plastikkirche gesprochen wurde?

Warum ist Munirs Lächeln nicht so viel wert wie meines?
Weil Polizeibeamte es ihm ungestraft aus dem Gesicht prügeln
dürfen?

Warum ist Abdelrahman Kindheit nicht so viel wert, wie die meine es war? Weil er keine Mutter mehr hat, die auf ihn achten könnte?

Warum kann Jack nicht an irgendeiner Universität ein Sportstipendium bekommen? Weil er im falschen Land geboren wurde?

Warum ist Anwars Freiheit nicht so viel wert wie meine? Weil er keinen deutschen Pass hat?

Warum ist die Stimme der menschenhassenden Berenice mehr wert als die von Flüchtenden? Weil sie in Frankreich geboren wurde?

Nicht ein einziger Mensch, den ich im Dschungel kennenlernen durfte, würde jemals einen Menschen im Stich lassen. Jeder von ihnen würde uns ausnahmslos in seinem Land herzlich willkommen heißen. Auch, wenn sie reich wären und wir arm. Es ist nicht die Armut, die sie besonders macht. Ich habe diese Menschen als barmherzig und nobel erlebt. Sie sind dankbar und gütig. Das macht sie außergewöhnlich. Und sie haben Geduld. Und genau deswegen werden sie an ihr Ziel kommen. Und ich werde dabei sein.

Bei meiner Ehre.
HAMMED KHAMIS

Epilog Zurück ins Camp

Eigentlich sollte das Buch an dieser Stelle ja zu Ende sein. Aber das geht leider nicht. Wer mich kennt, der weiß, dass ich niemals etwas verspreche und es dann nicht einhalte. Das zählt für gute und auch für schlechte Versprechen. Wenn ich sage, dass ich wiederkomme, dann komme ich auch wieder. Ich habe den Leuten mein Wort gegeben. Und das einzuhalten muss möglich sein.

Die Jungs haben mich auf der Rückfahrt über Köln und Münster mit nach Hamburg genommen. Und Basti hat mir dann eine Karte für den Flixbus nach Hause geschenkt. Bei McDonalds in Hamburg am Busbahnhof hat die Klofrau mich nicht hineingelassen, weil ich die fünfzig Cent nicht hatte, um die Toilettenbenutzung zu bezahlen. Erst war ich sauer und wurde ein wenig taktlos. Aber als ich etwas später in einem Spiegel gesehen hatte, wie ich aussah, nahm ich der Frau ihre Ablehnung nicht mehr übel. Ich stand da mit 'nem Siebentagebart, abgeschnittenen Jeans und Taucherschuhen. Geflüchtetenstyle. Wie sollte die arme Frau auch wissen, wo ich in den letzten neun Tagen gewesen war. Vielleicht bringt H&M ja bald eine Modekollektion nach diesem Muster raus. Dann stoßen Flüchtende nicht mehr auf so viel Ablehnung.

Um dreiundzwanzig Uhr komme ich bei mir in der Straße im Wedding an. Dort sehe ich meine Nachbarn vorm Späti sitzen. Die Jungs sind Mitte zwanzig bis Mitte dreißig. Sie haben meine Reise auf Facebook verfolgt. Einer der Jungs erblickt mich gleich, als ich am Eingang zur Straße um die Ecke komme. Er richtet sich auf, um irgendeinen Spaß zu machen. Das finde ich voll schön. Es ist wie nach Hause zu kommen und erwartet zu werden. Es fühlt sich schön an, aber es macht mir auch gleichzeitig ein schlechtes Gewissen. Denn ich muss an die Menschen im Camp denken. Daran, dass ich wenigstens einen von ihnen mit hierher nach Berlin hätte bringen können.

Rambo hat in Vietnam auch alle seine Leute rausgeholt. Der hatte einen Helikopter dabei, gut. Aber Geld hatte er auch nicht. Ich bin nicht Rambo, aber irgendetwas hätte ich doch auch machen können.

Die Jungs applaudieren freundlich.

›Dieser Applaus steht mir nicht zu. Applaudiert für die Menschen im Camp!‹

Ich lasse den Kopf hängen. Einer der Jungs bemerkt, dass ich nur die Taucherschuhe anhabe. Jetzt verstehen sie mich langsam. Ich frage den Besitzer des Spätkaufs, ob ich bis morgen anschreiben kann. Ich habe kein Geld mehr. Das macht meine Stimmung noch düsterer. Nach ungefähr fünf Minuten schweigenden Rumsitzens im Späti bricht es aus mir heraus:

»Ich muss wieder da hin. Ich muss wieder zu meinen Freunden. Ich muss mein Wort halten.«

Jetzt entsteht eine Frage-und-Antwort-Runde, in der ich das erste Mal die Gelegenheit habe, mich mit Nichtinvolvierten über das Erlebte auszutauschen. Das tut mir echt gut. Erleichtert gehe ich nach oben in meine Wohnung, um den Tag dort zu Ende zu bringen. Beim Einschlafen habe ich nur noch einen Gedanken: Wie komme ich wieder nach Calais?

Seit mehreren Tagen habe ich nun versucht, einen Bulli zu bekommen. Das ist das Wichtigste. Den fülle ich dann schnell mit Spenden und fahre wieder zurück ins Camp. Das ist der Plan. Mehr nicht.

Allerdings habe ich mir das ein wenig einfacher vorgestellt. Denn keiner, den ich kenne, hat einen Bulli. Und Geld wird eh keiner geben. Das ist ja schon bei der ersten Reise nicht passiert. Nach der dritten Ablehnung in meinem Freundes- und Bekanntenkreis habe ich keine Lust mehr, die Menschen um Unterstützung zu bitten. Ich mache meinen Laptop an und setze mich aufs Bett, um noch mal Mails zu checken.

Bei Facebook sehe ich Özlem online. Özlem ist Psychologin. Eigentlich nur für Kinder. Aber manchmal, wie heute, behandelt sie auch Erwachsene. Ein kleiner Wortwechsel im Chat endet in einem langen Telefonat. Ich erzähle Özlem alles aus dem Lager. Sie hat meine Reise wie viele meiner Freunde im Blog mitverfolgt. Nun bietet sie mir an, einen ihrer Bekannten nach einem Bulli zu fragen. Der sei Unternehmer und habe mehrere LKWs auf seinem Firmengelände stehen. Ihrer Einschätzung nach wird er sicherlich helfen, sobald er von der Geschichte erfährt. Morgen will Özlem ihn fragen. Mit einem hoffnungsvollen Lächeln im Gesicht schlafe ich endlich ein.

Am nächsten Morgen wache ich auf und schaue schnell neben meinem Bett auf den Boden, um mich zu vergewissern, dass ich das alles nicht geträumt habe. Mein Rucksack liegt noch da. In den Naht-rillen und auf der Fronttasche ist immer noch Meersand zu sehen. Ich setze mich im Bett auf, um darüber nachzudenken, was ich nun tun werde. Umgehend rufe ich Özlem in ihrer Praxis an. Sie lacht am Telefon und sagt mir, dass ihr Bekannter sofort seine Hilfe zugesagt habe. Er will sogar den Sprit bis nach Frankreich übernehmen. Wow, Volltreffer. Ich kann also bald wieder hin. Aber wie mache ich das jetzt mit den Spenden? Sie zu bekommen, ist kein Problem. Aber die Ordnung. Das muss ein anderer machen.

Ich muss an Levi denken. Levi ist Palästinenser. Aber nicht so der typische Pali aus Neukölln. Levi ist Schwabe. So sieht er auch aus. Voll ordentlich und adrett gekleidet. Er hat auch irgendwas studiert. Den habe ich mal hier im Wedding kennengelernt, als er von Jugend-lichen beleidigt und angespuckt wurde. Das tat mir leid. Deswegen habe ich ihm geholfen und die Jugendlichen weggeschickt. Seitdem meldet er sich manchmal und erzählt mir von seinem Verein, den er gründen will. Er fragt auch immer, ob ich nicht mit ihm arbeiten will. Eigentlich ist er mir total sympathisch. Und er wirkt sehr ehrlich. Aber er ist von seiner Frau getrennt, obwohl er zwei Kinder hat. So sauber kann der ja dann doch nicht sein, wenn ihm die Frau wegläuft. Aber das ist wirklich nicht meine Sache. Ich rufe ihn an und frage, ob er meine Spendenaktion koordinieren kann. Dafür sind Schwaben doch immer gut.

Gemeinsam mit Özlem mache ich abends noch einen Spendenaufruf über Facebook. Dieser stößt auf reges Interesse. Das Haus der Jugend in Wedding gibt mir einen Raum im hinteren Bereich, wo die Menschen ihre Spenden für Calais abgeben können. Es kommen sehr viele Menschen, um zu spenden. Özlem hat einen sehr ausgedehnten Freundeskreis. Sie hat sogar noch einen LKW von einem ihrer Freunde bekommen. Der betreibt einen Computerladen an der Uhlandstraße in Berlin und braucht den Laster nicht wirklich. Und dieser Mann hat übrigens neben Benzingeld auch noch einen frisch überholten Laptop für die Schule im Camp gesponsert. Einfach so. Ich will auch solche Freunde haben, wie Özlem sie hat.

Das mit dem gespendeten Laptop hat wiederum ein anderer Freund von Özlem mitbekommen und einen nagelneuen Laptop von Medion gebracht. Manche haben Handys gespendet. Eine türkische Frau wollte kein Geld geben. Sie hat für vierhundert Euro Shampoo und Hygieneartikel für Frauen gekauft und uns wortlos vor die Füße gestellt. Das war echt unheimlich.

Neunzig Prozent der Spendenden waren von Türken. Immer wieder kamen Frauen mit Kopftüchern und gaben Kartons mit den unterschiedlichsten Sachen bei mir ab. Kartons mit vielen Dingen, die Menschen zum Leben brauchen.

Der Verein um den Berliner Fotografen Alexander Mechow, #einfachmenschsein hat handgearbeitete Schuhe gespendet. Alle nagelneu! Das mit den Spenden ging sechs Tage lang so. Es kamen immer tollere Sachen. Am dritten Tag fuhr eine junge Frau in einem Auto gefüllt mit Spenden vor. Sie kam immer wieder. Und immer wieder hat sie wortlos Kartons bei uns ausgeladen. Diese Frau, die Pelin heißt, habe ich bis heute noch nicht verstanden. Sie hat ungefähr hundert kleine Kartons mit Kleiderspenden gebracht. Sortiert nach Gender, beschrieben und verklebt. Dazu hat sie noch ein paar Paletten mit Schokolade, Chips, leeren Kartons und Hygieneartikeln gebracht. Einfach so.

Sie stand einfach so da mit ihrem Auto und hat gefragt, ob wir Özlem und Hammed sind.

»Danke, Pelin, es tut echt gut, so viel Vertrauen und Zuversicht zu bekommen.«

Der 18. September 2015 ist der letzte Tag der Sammlung. Wir haben die Kartons vor dem Haus der Jugend im Wedding aufgestellt. Es sind Berge. Und ich habe nur noch einen Gedanken. Jedes Teil muss seinen passenden Empfänger erreichen.

Die besonderen Spenden nehme ich mit zu mir in den großen Lastwagen, den ich selbst fahren werde. Ein Rollstuhl, die handgearbeiteten Schuhe, ein Handy und einer der Laptops liegen hier neben einem Stoffhasen, den mein Begleiter Claudius hütet.

Den Hasen hat mir ein Student zusammen mit einer unbenutzten Zahnbürste gebracht. Ich hatte ihn wegen der Spende ein wenig angelächelt. Da sagte er mir, dass er leider kein Geld habe, etwas zu spenden. Der Hase und die Zahnbürste seien alles, was er hergeben kann.

»Mit dem Hasen spielt meine Tochter nicht mehr. Vielleicht kann er ja einem Kind im Camp, wo du hinfährst, eine Freude bereiten.«

Krasser Typ. So welche muss man in seinem Umfeld haben. Wer weiß, wie weit seine Anreise und seine Mühen waren, bis er den Hasen abgegeben hat. Gott segne ihn. Seine Tochter ist fünf Jahre alt. Ich werde im Camp ein fünfjähriges Mädchen suchen. Dann wird dieser Hase dieses Mädchen glücklich machen.

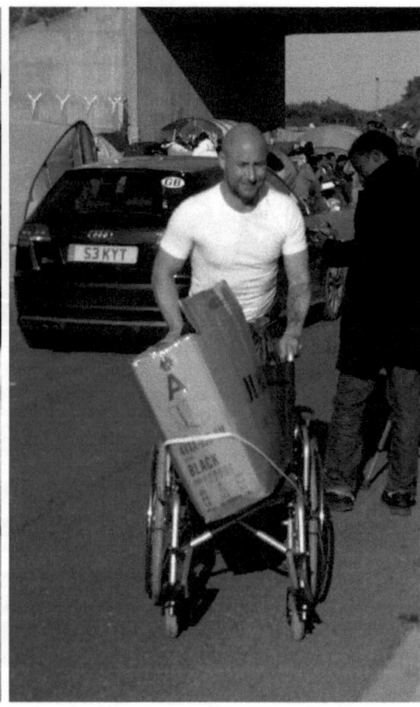

Die LKWs sind beladen. Ein Journalist vom *Merhaba*-Magazin knipst noch schnell ein Foto von uns und unseren Helfern, dann geht's los. Levi hat irgendwelche Studenten in einem PKW dazu geholt. Er meint, dass sie als kostenlose Kräfte dort helfen werden. Schaden können sie ja eigentlich nicht. Einer der Studenten ist Kameramann. Der soll das Ganze dokumentieren, dann brauche ich nicht so viel zu fotografieren. Mit dem Material kann ich außerdem später auf der Dankesveranstaltung den Menschen, die gespendet haben, zeigen, wo ihre Spenden gelandet sind. Also vereinbare ich mit Levi, dass der Kameramann mich bei der Aktion begleitet und filmt. Anderes Material kann ich ihm nicht liefern, ohne die Arbeit der Hamburger Dokumentarfilmer zu schädigen. Özlem ist trotzdem irgendwie skeptisch. Zurecht, wie sich zeigen wird.

Zusammen mit Claudius fahre ich dreizehn Stunden durch die Nacht von Berlin bis nach Calais. Claudius ist ein guter Freund von mir. Ein Punker aus Berlin, der sich sehr für Geflüchtete engagiert. Den habe ich mitgenommen, damit ich wenigstens einen habe, der mich versteht, der weiß, wie ich denke. Eine Art Zeugen. Um zwölf Uhr treffe ich auf Levi und seine Gruppe. Sie stehen vor dem Hostel. Alle sind müde. Wir bekommen unsere Zimmer aber erst um sechzehn Uhr. Deswegen entschließe ich mich dazu, mit Claudius schon mal ins Camp zu fahren. Basti und Leo sind auch schon da.

Im Camp angekommen, muss Claudius seinen Verstand ständig neu sortieren. Die Dinge, die ich ihm in den letzten Tagen erzählt habe, bekommen nun eine Gestalt. Das afghanische Restaurant befindet sich mittlerweile auf der anderen Seite des Camps. Das Essen dort schmeckt aber immer noch so gut wie im August. Ein paar der Geflüchteten erkennen mich wieder. Manche klatschen mir die Hand beim Vorbeigehen ab. Andere grüßen freundlich, während sie an mir vorbeigehen. Einen Blick aber übersehe ich, weil ich gerade zu sehr mit Amjads Geschenk beschäftigt bin. (Eine Studentin hatte in der Schweiz meinen Blog aus dem Lager gelesen und fand das mit dem Holzhaus einfach nur geil. Deshalb schickte sie mir über Amazon ein erstklassiges Akkuschrauberset.)

Claudius nimmt mich zur Seite und sagt, dass uns jemand folge. Ein Junge – er habe Tränen in den Augen. Als ich mich umdrehe, sehe ich Mima hinter mir stehen. Würden da nicht Tränen aus seinen Augen fließen, wäre dies ein wundervoller Moment für mich. Was hat er denn nur? Ich gehe rasch auf ihn zu und nehme ihn herzlich in den Arm. Mima entschuldigt sich bei mir: Er habe mir nicht geglaubt, dass ich wiederkomme. Das tue ihm jetzt leid. Mit einem Lächeln drücke ich ihn erneut an mich, um ihm zu zeigen, dass ich nicht sauer bin. Er solle bitte heute Abend um zweiundzwanzig Uhr zur Kirche kommen, sage ich ihm.

»Dort habe ich etwas Besonderes für dich.«

Mima weiß, dass ich ihm Schuhe mitgebracht habe. Deswegen nennt er mir leicht verschämt, aber vorfreudig seine Schuhgröße.

Wir gehen weiter durchs Camp. Von der Seite taucht Munir auf. Nun habe ich auch ein wenig Pipi in den Augen. Der Gedanke an Munir hat mich sehr beschäftigt. Selten habe ich eine Seele so klar und einfach aus einem Menschen heraus scheinen gesehen. Manchmal hat es mich traurig gemacht, in Berlin von ihm zu reden. Ich wollte zwischendurch lieber keinen Kontakt zu ihm haben. Meine Angst zu erfahren, dass ihm etwas bei den Zügen oder in den LKWs passiert sein könnte, lähmte mich teilweise sehr.

Munir begrüßt mich, als wären wir erst gestern auseinandergegangen. Ihn lade ich ebenfalls für zweiundzwanzig Uhr zur Kirche ein. Er soll mir dabei helfen, die Spenden gerecht zu verteilen. Ich kenne das vom LaGeSo bei uns in Berlin. Da kommen immer viele Spenden an. Leider sind da aber auch Sachen dabei, die die Geflüchteten nicht brauchen können. Die liegen dann rum, wie Müll. Das darf mit den Sachen, die ich mitgebracht habe, auf keinen Fall passieren. Deswegen ist es sicherlich besser, einen der hier im Camp wohnenden Geflüchteten als Hilfe dazu zu holen. Beim Weitergehen drücke ich Munir ein Handy, das Özlem mir beim Abschied in Berlin gab, in die Hand. Munir lacht. Und in mir geht die Sonne auf.

Ich bringe Claudius zum iranischen Camp. Er hat sich nicht vorstellen können, dass hier dreißig Männer sind, von denen die Hälfte zuhause die Todesstrafe erwartet und die trotzdem nicht einfach das Camp verlassen und Asyl beantragen können. Sie müssten doch eigentlich in jedem Land Asyl bekommen. Er hat recht. Es sind keine dreißig mehr. Mittlerweile sind es achtzig Männer. Alle achtzig freuen sich ein paar Stunden später über einen riesigen Karton, welcher mit Hygieneartikeln gefüllt ist.

Es ist ein unbeschreibliches Gefühl, den Menschen hier all diese Sachen zu übergeben. Menschen in Deutschland haben etwas gegeben. Und Menschen in Calais haben etwas bekommen. Als wir in der Dämmerung zum Eingang des Camps gehen, sehe ich Levi, wie er zusammen mit dem Kameramann damit beschäftigt ist, irgendwelche Geflüchteten vor die Kamera zu bekommen. Einem hat er für ein Interview fünf Euro in die Hand gedrückt. Das geht nicht. Das ist nicht mein Anspruch. Niemand darf das über mich sagen können. Das erkläre ich Levi. Er versteht mich nicht richtig.

Am nächsten Tag scheitert Levi mit seiner Gruppe daran, den LKW aufzumachen. Es kommen immer zu viele Geflüchtete auf einmal an den LKW heran. Das ist nicht nur für die Geflüchteten gefährlich. Ein Mann hat einem anderen in diesem Handgemenge vor dem LKW den Ärmel seines Hemdes abgerissen. Das sieht lustig aus. Ich muss darüber lachen, wie die beiden sich da gegenüberstehen, der eine mit Ärmel in der Hand und der andere ohne Ärmel am Hemd. Sie nehmen es mir nicht übel, ich habe ja genug dabei, um das Hemd zu ersetzen.

Levi wirft jetzt resigniert einen Karton mit Männersachen in Richtung der Geflüchteten. Die Menschen stürzen sich darauf, als wäre Gold darin versteckt. In diesem Moment kommt Basti um die Ecke. Auch die freiwilligen Helfer haben die Szene beobachtet. So ein Wurf ist das Dümmste, was man in einem Camp machen kann. Basti erklärt Levi, dass er das Camp verlassen muss. Ob Levi es gut gemeint hat oder nicht, zählt nun nicht mehr. Die Helfer kommen nicht hierher nach Calais, um sich in irgendeiner Weise zu profilieren. Sie wollen wirklich helfen. Die Menschen sind ihnen wichtig. Sie sind ihre Freunde. Genau wie meine.

Ich entschließe mich dazu, die Kleiderspenden zu einem Lager der französischen Helfer zu bringen. Dort sind keine Geflüchteten.

So kann man schnell ausladen und sortieren. Die Spenden werden aufbewahrt, bis sie von den anderen Helfern im Camp gebraucht werden. Selbst nehme ich die Laptops, den Rollstuhl und noch ein paar Kartons mit Hygienesachen. Den Rest packen die Studenten in Tüten zu einer Art riesigem Geschenkpaket zusammen. Das kann man später einzeln verteilen, wenn man im Camp spazieren geht.

Ich besuche der Reihe nach meine Freunde und bringe ihnen die versprochenen Sachen. Die handgemachten Schuhe von Alex verteile ich um 22 Uhr nach Größe passend an Geflüchtete. Auch Mima bekommt seine Schuhe. Ich besuche Eli, den Priester, in der Kirche. Er freut sich sehr über seine Schuhe. Was er mit dem Rollstuhl machen solle, fragt er mich. Ich sage ihm, dass er erst einmal damit die Spendenkisten aus dem LKW holen kann. Und später kann man mit dem Rollstuhl sicherlich viele Geflüchtete mit gebrochenen Beinen zur Krankenstation bringen.

In dem ganzen Aufruhr habe ich ganz vergessen, Claudius die Kirche zu zeigen. Er steht nun genau davor und kommt nicht mehr aus dem Staunen raus. Wie alle vor ihm auch zieht er seine Schuhe aus und geht in das Innere der Kirche. Er möchte ein paar Bilder für seinen Vater machen. Der ist, glaube ich, auch Priester oder so. Genau wie ich es bei meiner ersten Fahrt erlebt habe, kommt Claudius gebannt von den Eindrücken wieder heraus. Für heute habe ich genug. Ich will nur noch schlafen.

Basti begleitet uns zum Hostel und verabschiedet sich erst dort. Dank ihm und Claudius muss ich dieses Mal nicht vollgepackt mit Eindrücken und Gefühlen alleine dorthin. Mit Claudius teile ich mir sogar ein Zimmer im Hostel. Das fühlt sich unheimlich schön an. Ich kann sehr gut schlafen. Danke.

Morgens beim Frühstück erkläre ich Claudius, dass ich heute im LKW bei den Leuten im Camp schlafen will. Die Sachen bekommen wir, denke ich, zusammen mit Munirs Leuten schnell verteilt. Genau so ist es auch. Munirs Leute haben als Überraschung eine eigene Hütte für uns vorbereitet, in der wir schlafen können. Das ist echt klasse. Wir haben nämlich keine Decken mehr. Irgendwer hat sie wohl mitgespendet. Wir machen unsere Rundgänge durch das Camp zu Ende und noch ein paar Fotos für zuhause. Auf einmal kommt ein englischer Punker auf unseren LKW zugerannt. Bei den Iranern sei eine Wasserstelle geplatzt und lege dort gerade mehrere der Hütten unter Wasser. Schnell fahren wir eine Wasserpumpe holen. Diese steht praktischerweise bei Munir und seinen Leuten.

Den Tag beenden wir bei der Schule, wo ich der ehrenamtlichen Lehrerin Linda die Laptops übergebe. Linda verschlägt es leicht die Sprache, als ihr da irgendein Typ aus Deutschland im Vorbeigehen solche Sachen in die Hand drückt. Aber was für die Schule gespendet worden ist, kommt natürlich auch genau dorthin.

Wir holen jetzt Mima und machen genau da weiter, wo wir vor einem Monat aufgehört haben. Vielleicht kann ihn ja Claudius überreden, mit uns nach Deutschland zu kommen. Vorne am LKW angekommen, gehe ich noch schnell hinein, um meine Geldbörse zu holen. Auf dem Rückweg sehe ich Claudius inmitten einer Gruppe von Geflüchteten kräftig debattieren. Claudius hat dabei eine dieser schwarzen Starkbierdosen der Marke Perlenbourg in der Hand. Als wäre das Leben hier ganz normal. Für ihn ist das alles nichts Außergewöhnliches. Das ist unglaublich.

»Das Bier habe ich von dort hinten, vom Spätkauf.«

Claudius ist ein richtiger Punker. Die kennen sich immer mit solchen Sachen aus. Und ihm ist es auch egal, ob es Spätkauf oder Paki-Shop genannt wird, weil man in diesen Läden immer das Gleiche bekommt. Das ist auf der ganzen Welt so. Vieles läuft überall gleich, das lernt man hier im Camp von Calais.

Als wir nachts um drei Uhr zu unserer Hütte kommen, stören wir ungewollt Neuankömmlinge, denen man diesen Schlafplatz zugewiesen hat. Weil wir ja eh nicht da waren. Also orientieren wir uns um. Beim Aufwachen liegen wir im LKW übereinander in der Fahrerkabine und frieren.

Es ist etwa neun Uhr. Der LKW bebt, als wäre er ein Boot bei hohem Seegang. Im Rückspiegel sehe ich ungefähr zwanzig Sudanesen, wie sie an unserem LKW rütteln. Erst denke ich, die greifen uns an. Ein paar Sekunden später erinnere ich mich jedoch, dass wir uns gestern in den Dünen festgefahren hatten. Wir waren aber zu müde gewesen, um noch irgendwas zu schaffen.

Einer der Geflüchteten schiebt lachend eine Holzlatte unter die Reifen. Ich kann rausfahren. Wieder auf festem Boden stehend, frage ich Claudius, ob wir noch etwas in den Kartons haben. Es sind noch Hygienesachen da. Die geben wir jetzt den Männern und bedanken uns für diese wertvolle Hilfe am frühen Morgen. Freudig verabschieden die Sudanesen uns.

Als wir in den Dünen bei den Ägyptern vorbeifahren, sehe ich Basti und Leo, wie sie einen kleinen Jungen filmen. Basti ruft mich hinzu, damit ich den Kleinen auf Arabisch interviewe. Im Gespräch finde ich heraus, dass dieser Junge aus Nordafrika nach Calais gekommen ist. Ganz allein. Houssam geht jeden Tag zum Zug. Das sind ungefähr jeweils sechs Kilometer hin und zurück. Eigentlich ist das normal für einen Geflüchteten in Calais. Houssam ist aber erst zwölf Jahre alt. Die Sache lässt mich nicht los. Ich gehe zu Bastis Auto. Er hat noch Schokolade darin. Als ich sie dem Jungen gebe, kommt ein älterer Sudanese an. Er lacht freundlich und erzählt, dass er den Jungen die ganze Strecke von Italien nach Calais mit sich gebracht und auf ihn aufgepasst hat. Der Mann stellt sich als Amin vor. Ich nehme Amin ein paar Meter zur Seite, um ihm einen Zwanzigeuroschein in die Hand zu drücken. Er lehnt ab.

»Ich habe das nicht erzählt, damit du mir etwas dafür gibst.«

Mein Kopf senkt sich wieder vor Scham. Es ist ungefähr das gleiche Gefühl wie in dem Moment, als ich Amjad riet, eine europäische Frau zu heiraten, um Papiere zu bekommen. Die Leute hier im Camp denken wirklich nicht wie wir. Sie sind noch unbescholten, unberührt

von all dem europäischen Wohlstand. Ihre Herzen sind rein. Sie schulden niemandem etwas. Im Gegenteil. Ihre Leben und ihre Erfahrungen machen sie zu Menschen, denen man etwas schuldet.

Houssam habe ich in den darauffolgenden Stunden ungefähr fünfzigmal angeboten, mit mir nach Deutschland zu kommen. Ich hätte ihn einfach bei meinem Vater rausgelassen. Er könnte dort erst mal zusammen mit meinen kleinen Brüdern leben. Sie sind ungefähr gleich alt. Houssam will aber nicht. Er will nach England. Alle wollen dorthin.

Ich schaue Basti in die Augen. Da ist wieder dieses unbestimmte Gefühl des Einverständnisses, wie immer, wenn ich Basti in die Augen sehe. Später bestätigt sich, dass Basti und ich das Gleiche gedacht haben.

Wir werden wiederkommen. Mit einem Boot ...

Nachbemerkung

Liebe Leserinnen und Leser,

ich würde mich sehr gerne bei jeder und jedem Einzelnen von euch bedanken. Aber ich denke, dass es nicht reicht, einfach DANKE zu sagen. Deswegen erkläre ich noch einmal, wie das Ganze entstanden ist und was daraus noch alles resultiert.

Als ich damals die Plastikkirche auf Youtube gesehen hatte, wollte ich einfach nur dorthin. Es einfach sehen. Ein Slum mitten in Europa. Im guten, im kultivierten und reichen Europa. Wenn das Camp irgendwo in Rumänien wäre, dann würde niemand darüber berichten. Aber es ist in Frankreich. Eigentlich hat mich der Gedanke an dieses Camp zunächst einmal nur verletzt. Weil es ungerecht ist.

Heute sehe ich, dass dieses Lager auch gute Seiten hat. Allem voran entsteht durch die Situation der Menschen dort Aufmerksamkeit für alle Geflüchteten weltweit. Die Briten können sich auch nicht mehr dezent im Hintergrund halten. Alle stehen in der Verantwortung.

Persönlich bin ich sehr dankbar für die Lebenserfahrung, die ich dort im Camp als Geschenk bekommen habe.

Ich werde diese Reise niemals vergessen, während der ich sehr viel Wahrheit und Freundschaft erfahren habe. Ich weiß jetzt, wer an mich glaubt und ich weiß jetzt auch, wer weniger bedeutend in meinem Leben ist als gedacht.

Als ich mich das erste Mal auf den Weg nach Calais machte, wusste ich nicht, dass ich ein Buch darüber schreiben würde. Ich wusste auch nicht, dass Nicolas Flessa vom *Seinsart*-Magazin mir eine Plattform für einen Blog in seinem Verlag anbieten würde.

Auf den Blog hin haben sich sehr viele Leser gemeldet. Es kamen auch Zeitungen wie die *Neue Osnabrücker* oder die *Süddeutsche*, um einem Bericht über meine Reise zu machen.

Die Spendenaktion mit den beiden LKWs war ein voller Erfolg. Spürbar mehr als ein Tropfen auf den heißen Stein.

Es sind noch andere Dinge passiert. Der weltbekannte Pianist Andreas Kern hat sich gemeldet und mir angeboten, mich in dieses Camp zu begleiten. Wenn ihr das hier lest, wird er bereits in der Plastikkirche von Calais gespielt haben. ARTE und der WDR wollen berichten. (Im Calais-Blog vom *Seinsart*-Magazin könnt ihr immer verfolgen, was aktuell gerade los ist.)

Weil ich so viel Unterstützung erhalte, haben die Menschen, die mir von der Reise abrieten, nicht Recht behalten. Obwohl es zeitweise danach aussah, weil es viele Widrigkeiten gab: Es fehlte überall an Geld. Ein dubioser Verein ging unautorisiert mit meiner Sache Geld sammeln.

Manchmal passierte einfach zwei volle Wochen lang gar nichts.

Aber jetzt ist es fertig. Es ist ein Buch. Und ich wünsche mir, dass die Leser sich durch meine Geschichte anregen lassen, sich für schwächere Menschen gerade zu machen. Einfach was machen, um zu helfen. Auch wenn es zwischendurch manchmal krass wird.

Hals und Beinbruch!
Euer Hammed

Pawel

Bei meiner Abreise bin ich nochmal mit Claudius zum Holzhaus von Amjad gefahren. Dort sah ich Basti und Leo mit Pawel und einem Tunesier stehen. Als ich dort angefahren kam, sah ich, dass der Tunesier Tränen in den Augen hatte. Auch Pawel war sichtlich damit beschäftigt, ein Weinen zu unterdrücken. Ich hörte ihn mit erstickter Stimme und in aller Demut zu dem Tunesier sprechen:

»Ich schwöre, wenn ich meine Gerichtsverhandlung und die Strafe in Polen hinter mir habe, dann komme ich dich besuchen. Khaled, du bist mein Bruder.«

Dann stieg Pawel zu Basti ins Auto. Leo hat das Ganze mit der Kamera aufgenommen ...

Danke für alles

ALL-IN-ONE-Späti-Jungs
Andreas Kern
Bill Burns
Birol Kaplan
Claudius
HB-Schmitz
Jarek Duda
Julien Calais
Leo Düsseldorf
Marcus Staiger
Nalan Tirpan
Nicolas Flessa
Özlem Güvendi
Pelin Büpunkt
Raed Bukhary
Seinsart Magazin
Silke Wedeking
Steve Weber
VFL Osnabrück
Victoria Rot
Zeynel Can

Über den Autor

Hammed Khamis kam 1978 in Osnabrück zur Welt und wuchs dort als elftes von vierzehn Kindern auf. Kurz vor seiner Geburt war die Familie vor dem Bürgerkrieg aus dem Libanon nach Deutschland geflohen.

Heute arbeitet Hammed Khamis als Autor und Leiter einer Integrationsschule. Seit einigen Jahren engagiert er sich in der Geflüchtetenhilfe und organisiert Lieferungen an das autonome Lager in Calais, das er seit August 2015 regelmäßig besucht.